C. W. Wolff

Aus Brunsbüttels vergangenen Tagen

Ein Beitrag zur Geschichte Dithmarschens

C. W. Wolff

Aus Brunsbüttels vergangenen Tagen

Ein Beitrag zur Geschichte Dithmarschens

ISBN/EAN: 9783955640545

Auflage: 1

Erscheinungsjahr: 2013

Erscheinungsort: Bremen, Deutschland

EHV
HISTORY

Aus

Brunsbüttels vergangenen Tagen.

Ein Beitrag

zur Geschichte Dithmarschens.

Zwei Vorträge

gehalten

zum Besten der durch die Sturmfluth geschädigten Bewohner Schleswig-Holsteins

am 10. und 17. December 1872

von

C. W. Wolff,

Hauptpastor zu Brunsbüttel und Dr. phil.

Anhang: Verzeichniß sämmtlicher Brunsbütteler Prediger seit der Reformation.

Itzehoe 1873.

Verlag von Ad. Nusser.

I.

Geehrte Versammelte!

Wenn ich mir erlaube, heute vor Ihren Blicken Ereignisse aus den vergangenen Tagen unsers Kirchspiels vorüber zu führen, so muß ich im Vorwege zu entschuldigen bitten, wenn ich Dinge, die Ihnen vielleicht bekannt sind, nochmals vortrage und wenn das Bild sich nicht als ein zusammenhängendes Ganze darstellt, weil die Nachrichten über unser Kirchspiel nur vereinzelt und vielfach zerstreut aus der Vergangenheit auf uns gekommen sind.

Es geht mit unserm Ort, der manchen weltgeschichtlich berühmten Mann in seinen Mauern sah und in dessen Hafen einst Schiffe aus den spanischen Gewässern einliefen, reich beladen mit den Schätzen südlicher Gegenden, und in dem ebenfalls Grönlandsfahrer ihre Heimath hatten, es geht mit unserm Ort wie es mit manchem edeln Rittergeschlechte gegangen ist, das im Mittelalter blühte und mächtig war, aber dem Andringen einer neuen Zeit zum Opfer fiel. Im Hinblick auf die gefallene Stammesburg erinnern sich die Nachkommen solcher Ritter noch gern der Großthaten ihrer Ahnen, wie auch wir uns gern an die großen Ereignisse erinnern, die man an dem Ort vollführte, den wir bewohnen. So lassen Sie uns denn eintreten in die Betrachtung der Geschichte Brunsbüttels und seiner Kinder.

In dem Staatsarchiv der freien und Hansestadt Hamburg werden bis zum heutigen Tage mehrere Urkunden aufbewahrt, die Zeugniß geben von Friedensschlüssen zwischen Brunsbüttel und Hamburg. Die älteste dieser Urkunden, die sich sogar in zwei Exemplaren im Hamburger Archiv befindet, stammt aus dem Jahre 1286. Schon früher hatten die Hamburger mit den Dithmarschern Friedensbündnisse geschlossen, aber bald waren dieselben von den Brunsbüttelern wieder gelöst, besser gesagt, übertreten worden. So hielten sich die Brunsbütteler nicht an den großen Frieden von 1265 gebunden, den Hamburg mit ganz Dithmarschen geschlossen hatte, und ebenfalls nicht an die Abmachung von 1281. Sie führten auf ihre eigene Hand Krieg mit den auf dem Elbstrom vorüberziehenden Hamburgern, einen Krieg, der mit dem wenig lobenswerthen Geschäfte der Seeräuberei sehr nahe verwandt war, der aber doch jedenfalls von dem Muth und dem Unternehmungsgeist der Männer Zeugniß giebt, die vor 600 Jahren an der Stelle lebten, die wir nun bewohnen. — Im Jahre 1286 verbanden sich fünf alte Geschlechter von Brunsbüttel mit fünf Geschlechtern in Marne und begannen Krieg gegen vorüberziehende Hamburger. Wenn das schwerfällige Hamburger Kaufmannsschiff seine Anker niederrollen ließ, um zu warten bis die Fluth wieder heraufkäme, um es dem ersehnten Hafen entgegenzuführen, dann schossen die Ruderfahrzeuge der Brunsbütteler pfeilgeschwind aus dem Hafen hervor und umzingelten den unbeholfenen reichbeladenen Koloß, um ihm seine Last etwas leichter zu machen. Oft kehrten die Angreifer mit reicher Beute in ihren Ort zurück, oft aber holten sie sich auch blutige Köpfe; denn am Bord der Kauffahrer pflegten sich Armbrustschützen und andere Männer zu befinden, die gefährliche Waffen geschickt zu handhaben verstanden. Das Treiben der zehn Geschlechter wurde so verwegen und dem Hamburger Handel so gefahrdrohend, daß die Rechtsherren der freien Stadt beschlossen, einen Kriegszug gegen Brunsbüttel zu unternehmen. Die Brunsbütteler Flotte wurde in dem Kampfe geschlagen, und nun mußten die kampflustigen Helden am Abend vor St. Margarethen 1286 schwören, daß „sie nie wieder rauben wollten gegen die Hamburger und den gemeinen Kaufmann und thäten sie es, so sollte man sie strafen an Leib und Gut.“ Dieser Vertrag wurde sowohl den Hamburgern überreicht als auch dem Erzbischof Giselbert von Bremen, der das Schwert ebenso gut zu handhaben verstand wie den Krummstab, und der um das Zustandekommen des Friedens dem Anschein nach sehr verdient gewesen ist.

Leider hatten die Brunsbütteler ein verzweifelt kurzes Gedächtniß für friedliche Abmachungen, denn es vergingen nur wenige Jahre, bis sie ihre alten Züge wieder begannen, und wir hören von allerlei Kämpfen gleich nach dem Jahre 1300, so daß die Klage aus dem Munde eines Hamburgers wohl berechtigt erscheint, der ausruft: „Obschon die Dithmarscher 1304 auf öffentlicher Versammlung mit ausgebreiteten und aufgehobenen Händen sich eidlich verpflichtet hatten, niemals einen Kaufmann irgend eines Landes gewaltthätig anzugreifen, so mußten doch schon 4 Jahre nachher die Versprechungen, besonders derer von Brunsbüttel erneuert werden, mit ebenso geringer Hoffnung, daß sie je gehalten würden.“ Unruhig und aufgeregt rollte das Blut in den Adern der alten Brunsbütteler wie die Wasser des Elbstroms, der des Kirchspiels Küsten bespült, unruhvoll und gewaltig ebben und fluthen.

Nachdem die Jahre 1304 und 1308 kleinere Fehden zwischen Brunsbüttel und Hamburg gebracht hatten, ward noch im letztgenannten Jahre bald nach erfolgtem Friedensschluß ein siebenjähriger Krieg zwischen unserm Kirchspiel und den Hamburgern begonnen, der durch einen am Donnerstag vor Palmarum 1316 erfolgten Friedensschluß sein Ende fand. Dies Datum trägt nämlich die zweite Urkunde, die, von Brunsbüttelern ausgestellt, im Hamburger Staatsarchiv aufbewahrt wird. Alter Haß und Blutrache sind wohl die Veranlassung zu diesem neuen Kampfe gewesen. Vier Geschlechter: die Amezinghe Mannen, die Voken Mannen, die Etzinghe Mannen und die Zerzinghe Mannen beschlossen im Jahre 1308 Fehde wider die Hamburger. „Groß waren diese Geschlechter nicht, aber unersättlich in ihren Anfällen“ auf die vorübersegelnden Hamburger Schiffe. Es erscheint wunderbar, daß Hamburg sich dies Treiben der Väter von Brunsbüttel sieben Jahre hindurch, wie es allem Anschein nach geschehen ist, ruhig gefallen ließ, denn bis 1315 ließ man den Brunsbüttelern freies Spiel. Da endlich im Jahre 1315 unternahm man von Hamburg aus einen Kriegszug gegen unser Dorf, dessen Ausgang, da der Kampf mit gar ungleichen Waffen geführt wurde, sich leicht errathen läßt. Auf beiden Seiten gab es Todte und Verwundete und die Hamburger schleppten vermuthlich sogar einige Gefangene mit sich fort. Sie fragen nach dem Schicksal dieser Gefangenen? Auf dem Grasbrook in Hamburg waren hohe Stellagen hergerichtet. Diese mußten die Gefangenen besteigen und das Beil des Henkers schlug ihnen das Haupt ab.

Aber mit einer Niederlage war's nicht abgethan, die Brunsbütteler vermehrten sogar ihre Streitkräfte. Es gesellten sich nämlich bald nach der Niederlage zwei Geschlechter aus Marne zu den kampflustigen Brunsbüttelern, um den Streit fortzusetzen. Da, im Herbst 1315, wurde ein Waffenstillstand geschlossen, dem am Donnerstag vor Palmarum des folgenden Jahres der Friede zu Marsgrove folgte. Man weiß nicht, wo dieser Ort gelegen hat, Einige vermuthen ihn auf unserer Seite der Elbe, Andere suchen ihn im Lande Kedingen. Es ist auch unaufgeklärt, was beide Theile bewog, den Frieden einzugehen, ob die Hamburger Geschenke gaben oder ob sie etwa die Brunsbütteler nochmals besiegten; vielleicht hat der Erzbischof Johannes von Bremen, der um diese Zeit in Meldorf anwesend war, seinen Einfluß für den Abschluß des Friedens geltend gemacht, besonders aber war es der Pfarrherr Henricus zu Marne und der Pfarrherr Otto zu Brunsbüttel, welche die streitenden Parteien zu versöhnen strebten. Wo die Kirche gestanden hat, an der dieser Geistliche angestellt war, läßt sich nicht mehr genau angeben, jedenfalls nicht an der Stelle, an der nun unsere Kirche steht, die mehr als 400 Jahre später erbaut ist, als die Ereignisse spielen, von denen ich eben redete. Es ist nicht unwahrscheinlich, daß die Kirche, an welcher der Pfarrherr Otto angestellt war, auf dem Oestermoor gestanden, denn auf diese Stelle unsers Kirchspiels weisen mehrere Andeutungen bei alten Schriftstellern. Seitdem der Friede zu Marsgrove 1316 geschlossen war, scheinen die Brunsbütteler die Hamburger in Ruhe gelassen zu haben, denn wir hören späterhin nicht mehr von einem kleinen Privatkrieg, den die Väter unsers Ortes gegen die mächtig emporstrebende Hammonia unternommen haben.

Ehe wir unsern Blick friedlicheren Bildern zuwenden, sei noch des traurigen Ereignisses erwähnt, von dem 1491 Brunsbüttel betroffen ward. Zu dieser Zeit nämlich legte der Landesfeind Claus Engel den Ort in Asche, nachdem er denselben gänzlich ausgeplündert hatte. Ich hebe jedoch bei dieser Gelegenheit hervor, daß man sich vor dem Irrthum zu hüten hat, als habe das alte Brunsbüttel an der Stelle gelegen, auf welcher der Ort nun erbaut ist. Der frühere Kirchort lag vielmehr weiter nach dem Elbstrom hinaus, der ihm später ein feuchtes, furchtbares Grab bereitet hat.

Gedenken wir nun zunächst an die Geschichte unserer Kirche und zwar an das Zeitalter der Reformation: Es war um das Jahr 1500, da wohnte ein Mann Namens Marcus Boje in Nordhusen. Er entstammte einer berühmten Familie, die bis auf einen Vaje Boje zurückgeführt wird, der um 1208 die Fähre bei Brunsbüttel als ein Lehen des Erzbischofs von Bremen inne hatte und dem auch die Einsammlung eines Rauchhuhns (d. h. eines Huhns von jedem Rauchfang oder jeder Wohnstätte) von der Kolonie Oestermoor übertragen war.

Marcus Boje hatte sieben Söhne, denen er eine seinem Wohlstande entsprechende Erziehung angedeihen ließ. Zu ihm war die Kunde von vielen Irrlehren gekommen, die sich in die katholische Kirche eingeschlichen hatten, und er beschloß, es sollten auch aus seiner Familie Streiter für das Reich Gottes hervorgehen, die frei wären von dem herrschenden Aberglauben jener Zeit. Wir können die Sehnsucht des alten Boje nach einer gereinigten Kirche um so eher verstehen, wenn wir bedenken, daß unser Kirchspiel es war, dessen Pastor schon in den Jugendjahren von Marcus Boje sein Leben im Kampfe gegen abergläubische Gebräuche dahin gegeben hatte. Der Name dieses Mannes war Heinrich Grove. Er hatte in Prag studirt, war mit der Lehre von Johann Huß bekannt geworden und klärte nun seine Pfarrkinder darüber auf, daß Wallfahrten zu dem Crucifix in Windbergen und zu dem Haupte Petri in Burg eitel Thorheit wären. Hierdurch und durch beständige Hinweisung auf den wahren Inhalt der christlichen Lehre zog er sich den Haß der benachbarten Geistlichkeit in dem Maße zu, daß er bei Gelegenheit eines Besuches bei seinen Verwandten in Lunden vor dem Altar der dortigen Kirche 1452 am Abend St. Pauli erstochen wurde, nachdem er der Aufforderung der Lundener Mönche nicht nachgekommen war, seine Lehre zu revociren. Seinen Leichnam schleppte man aus der Kirche und verbrannte ihn vor dem Ort. Der Verlust des Mannes, der für Wahrheit und Recht in den Tod ging, mußte in seinen Pfarrkindern die Sehnsucht nach reiner Lehre mehren. Dazu kam, daß Marcus Boje wahrscheinlich mit den 95 Sätzen, die Luther 1517 an die Schloßkirche zu Wittenberg angeschlagen hatte, bekannt geworden war, denn diese waren trotz der geringen Verbindung, die zwischen den einzelnen Ländern in jenen Zeiten vorhanden war, in vier Wochen in ganz Europa bekannt geworden; endlich trug wohl zu seinem Entschlusse ganz besonders die empörende Art bei, in der der Ablaßhandel in Dithmarschen getrieben wurde. Es war um das Jahr 1517, da segnete Marcus Boje zwei seiner Söhne mit Namen Nicolaus (geb. 1490) und Boethius (geb. 1495) und ließ sie hinaus ziehen, damit sie unter Luthers Leitung, der seit 1508 Professor in Wittenberg war, zu tüchtigen Gottesmännern sich herausbildeten. Als sie auszogen von ihrer Freundschaft und aus ihrem Vaterhause, da ahnte man nicht, von welcher Wichtigkeit für das Heimathland das Wirken des einen der beiden Jünglinge werden sollte. Sie langten in Wittenberg an, saßen zu Luthers Füßen und öffneten ihre Herzen der evangelischen Wahrheit; ja es soll sich sogar zwischen dem Reformator und dem älteren der beiden Brunsbütteler Kinder, Nicolaus Boje, ein inniges Freundschaftsverhältniß gebildet haben. Die Universität legte jedem der beiden Brüder, als sie Wittenberg verließen, den Titel „Magister" bei.

Als sie heimkehrten ins Vaterhaus herrschte noch in allen Kirchspielen Dithmarschens die katholische Kirche, aber nur wenige Jahre der Unthätigkeit waren den beiden Jünglingen beschieden. Schon 1524, nach dem Tode des katholischen Priesters Johann Reimarus, wurde Nicolaus Boje als Pastor an die Gemeinde in Meldorf berufen und mit Begeisterung trat er sein Amt an, für das Luther und Melanchthon ihn vorbereitet. Der Boden war für die neue Lehre im Dithmarscher Lande durch Ereignisse vorbereitet, die ich bereits angedeutet habe. Unter diesen nimmt das übermüthige Treiben des Ablaßkrämers Arcimbold die erste Stelle ein, der seit seinem Erscheinen in Meldorf 1516 sein Unwesen ebenso schändlich trieb, wie Tetzel im Herzen von Deutschland.

Dr. Johannes Angelus Arcimbold hatte den Auftrag, u. A. am Rhein, im südöstlichen Frankreich, in Süddeutschland sowie im Bereich des Erzstiftes Bremen, wozu Dithmarschen damals gehörte, und in Schweden den Ablaßhandel zu betreiben; er stellte fünf Dithmarscher Prediger als Unteragenten an und hatte so ungeheure Einnahmen, daß er Beschläge an seinen Kisten nicht von Eisen, sondern von Gold und Silber anfertigen ließ und er silberne Kessel und Pfannen mit sich führte. Die Beschläge an seinen Truhen hatte er freilich mit Oelfarbe überstreichen lassen, „damit es desperaten Liebhabern nicht gar zu sehr in die Augen schimmern möchte". Wie ungeheuren Zulauf er hatte läßt sich aus der Nachricht entnehmen, daß der König von Schweden ihm 20,000 Dukaten abnehmen, der König von Dänemark aber wegen seiner Umtriebe gefangen setzen ließ. Das Treiben dieses Mannes hatte in Meldorf bei allen ruhig denkenden und verständigen Männern eine gewaltige Erbitterung gegen das Papstthum hervorgerufen, die der Wirksamkeit unsers Freundes Nicolaus Boje nur förderlich sein konnte. Boje theilte vor allen Dingen Luthers Bibelübersetzung in zahlreichen Exemplaren aus und entfaltete einen solchen Eifer, daß der Abt der grauen Mönche in Meldorf, Augustin Torneborg, nach Bremen berichtete, Boje verbreite Luthers Lehre eifriger als Luther selbst und durch die Vertheilung der Bibelübersetzung wiegele er die Leute so auf, daß sie anfingen, mit den Mönchen über Glaubenssachen zu disputiren. Eine Wittwe mit Namen Wiebe Junge, die Tochter eines Achtundvierzigers, die auch an einen Achtundvierziger verheirathet gewesen war, also den leitenden Familien angehörte, war der neuen Lehre von Herzen zugethan und bewog den Nicolaus Boje, daß er einen besonders berühmten Anhänger Luthers, Heinrich von Zütphen, der sich damals in Bremen aufhielt, nach Meldorf berief. Als die Aufforderung aus Dithmarschen an den ehemaligen Mönch Heinrich herantrat, riethen seine Freunde ihm ab, der Einladung zu folgen, „weil der gemeine Mann noch schwach im Glauben sei und die Dithmarscher böse Buben wären". Aber aller Rathschläge ungeachtet trat Heinrich am 28. November 1524 seine Reise an, und Brunsbüttel war der Ort, wo dieser gewaltige Glaubensheld seinen Fuß zuerst auf Dithmarscher Boden setzte, nachdem er von einem Brunsbütteler Kinde zur Ausbreitung des Reformationswerks war gerufen worden. Kaum war Heinrich in Meldorf angekommen, so organisirte sich unter Anführung des Priors des Jakobitenklosters Augustin Torneborg ein furchtbarer Widerstand gegen ihn. Schon am 3. December beschlossen die Achtundvierziger in Heide, Heinrich solle ausgetrieben werden und theilten ihren Beschluß dem Nicolaus Boje mit. Boje aber sandte die Erklärung zurück, die achtundvierzig Regenten hätten wohl mit der weltlichen Regierung des Landes zu thun, in kirchliche Angelegenheiten dürften sie sich nicht mischen, da jedes Kirchspiel seinen Prediger selbst wählen könne. Heinrich, von dem Beschluß der Regenten in Kenntniß gesetzt, rief begeistert aus, sollte er hier sterben, so sei der Himmel in Dithmarschen ebenso nahe als anderswo, auch zweifle er nicht, daß er doch einmal durch blutigen Tod das Evangelium besiegeln müsse. Am 2. Adventssonntag predigte Heinrich Vormittags in der Meldorfer Kirche über Röm. 1, 9. (Denn Gott ist mein Zeuge, welchem ich diene in meinem Geist am Evangelio von seinem Sohne, daß ich ohne Unterlaß euer gedenke.) Nach beendigtem Gottesdienst wurde ein Schreiben der Achtundvierziger verlesen, wonach es den Meldorfern bei einer Strafe von 1000 Rheinischen Gulden verboten wurde, den Mönch ferner zu hören. Diese unrechtmäßige Einmischung in Gemeindeangelegenheiten erbitterte die Meldorfer erst recht und sie beschlossen nun, den Bruder Heinrich als Prediger zu behalten. Am Nachmittag dieses bewegten und folgenreichen Tages predigte Heinrich abermals, und zwar über Röm. 15, 1. (Wir aber, die wir stark sind, sollen der Schwachen Gebrechlichkeit tragen und nicht Gefallen an uns selber haben.) Nachdem Boje noch ein Schreiben an die Achtundvierziger in Heide gerichtet hatte, kamen diese nach langer Debatte zu der Entscheidung, mit Einführung oder Ablehnung der neuen Lehren zu warten bis das allgemeine Concil, dessen Einberufung überall mit Sehnsucht erwartet wurde, würde entschieden haben; sie könnten in kirchlichen Dingen doch nicht entscheiden, „was ihre Nachbarn annehmen und glauben würden, das wollten sie auch thun!"

Selbstverständlich waren die Mönche mit diesem Beschlusse höchst unzufrieden und wußten den Landschreiber Günther Werner, die angesehenen Männer Peter Nanne, Peter Schwin und Nicolaus Rode und mehrere Andere zu gewinnen, welche beschlossen, am 10. December gewaltsam gegen Heinrich vorzugehen. An diesem Tage versammelten sie sich in Hemmingstedt, jenem Ort, an dem mehr als Ein Mal der Würfel der Entscheidung in der Dithmarscher Geschichte gefallen ist, hatten 500 Bauern ebenfalls dorthin entboten, denen sie vor allen Dingen drei Tonnen Hamburger Bier verabreichen ließen. Zu der verbrecherischen That rüstete man sich mit teuflischem Scharfsinn: Die Trunkenheit, der Freund des Bösen und der Feind aller guten Regungen mußte den Verschwörern dienen, und die Schatten der Nacht, die das Werden und Wachsen von so mancher Verschwörung schon bedeckt hatten, führten den bewaffneten Haufen vor die Wohnung von Nicolaus Boje. Um in das Haus zu kommen, hatte man sich nach einem Verräther umgesehen und ihn in der Person eines Mannes Namens Henning Hans gefunden. Derselbe kam täglich ins Pastorat und öffnete nun den Feinden seines Herrn eine Bodenluke; ein Mann aus Wakenhusen stieg ins Haus, öffnete die Thür von Innen und nun drang der wilde Haufe fluchend und lärmend unter stetem Geschrei: „hau dodt, hau dodt!" hinein. Nicolaus Boje wurde aus dem Bette gerissen, geschlagen und nackt auf die Straße geschleppt, wo man ihn unbeachtet liegen ließ. Heinrich wurde gebunden und gezwungen, in der Winterkälte auf den hartgefrorenen Wegen über Schnee und Eis nach Heide zu gehen. Bald waren seine Füße vom Eise durchschnitten, er bat flehentlich um ein Pferd; aber vergebens; man höhnte und mißhandelte ihn aufs Furchtbarste. Zum Schein stellte man ihn vor Gericht und verurtheilte ihn zum Feuertode. Am 11. December 1524 Morgens 8 Uhr wurde er auf den Marktplatz in Heide geführt. Das Urtheil, welches man dort verlas, lautete: „Dieser Bösewicht hat wider die Mutter Gottes und den christlichen Glauben gepredigt, aus welcher Ursache ich ihn verurtheile wegen meines gnädigsten Bischofs von Bremen zum Feuer." Heinrichs einzige Antwort auf diese Worte war: „das habe ich nicht gethan" und der Ruf der Ergebung: „Dein Wille geschehe". Wibe Junge bat flehentlich, man möge mit der Ausführung des Urtheils wenigstens drei Tage warten, ja sie bot für die Gewährung solchen Aufschubs 1000 Gulden; man verweigerte ihr Angebot und trat die Bittende mit Füßen. Zwei

Stunden lang wollte das Feuer des Scheiterhaufens nicht brennen, da band man Heinrich an eine Leiter, so daß ihm das Blut aus Mund und Nase quoll. Ein Mann wollte die Leiter aufrichten und mit seiner Hellebarde stützen, da sank dieselbe um und die Hellebarde ging dem Gequälten durch den Rücken. Ein Schlag mit einem Hammer, den ein Mann mit Namen Johann Holm gegen Heinrich führte, setzte den Leiden desselben ein Ziel. So starb dieser hochbegabte Prediger des Evangeliums, 36 Jahre alt. Seinen Kopf, seine Hände und Füße hieb man ab und briet sie auf Kohlen, seinen Leib begrub man, dann schlossen wilde Tänze, die man rund um den Scheiterhaufen ausführte, das grausenvolle Fest. Luther hat die Geschichte Heinrichs selbst aufgeschrieben und an die Gemeinden zu Bremen und Meldorf, sowie an Wibe Junge noch besondere Trostbriefe gerichtet.

Sie sehen, v. V., daß nicht nur bei Einführung des Christenthums das Bekenntniß mit Blut besiegelt werden mußte, sondern daß auch die Reformation ihre Märtyrer hat. Aber in diesem Zeitalter wurde ebenso wie 1500 Jahre früher das Blut der Märtyrer die Saat der Kirche. Wie schmerzlich auch der Tod des Freundes für Nicolaus Boje sein mochte, so ließ dieser sich keinen Augenblick abhalten, das Evangelium lauter und rein zu predigen. Und es gehörte wirklich nach allen Erfahrungen, die er gemacht, Muth dazu, auf der betretenen Bahn fortzuschreiten; mußte er doch in Waffen zum Gotteshause gehen! Aber der Erfolg blieb nicht aus, denn nach wenigen Monaten war weit über die Hälfte der Einwohner Meldorfs der lutherischen Lehre gewonnen.

Das Brunsbütteler Kind Nicolaus Boje ist noch wegen einer Thatsache erwähnenswerth, deswegen nämlich, weil er der erste Geistliche in Dithmarschen gewesen ist, der sich verheirathet hat. Seine erste Frau war die Tochter von Curd Widderings Tonjes (genannt der reiche Tonjes) vom Süderdeich im Kirchspiel Wesselburen. Dieselbe mußte ihm von seinen Freunden mit gewaffneter Hand heimgeholt werden. Seine zweite Frau war Anneke aus dem Geschlechte der Bruhn in Meldorf. Ein Sohn der zweiten Frau ist der nachmalige Landvoigt Dr. Christian Boje. Noch sei erwähnt, daß Nicolaus Boje mindestens Ein Mal in Brunsbüttel gepredigt hat, und zwar ist dies vermuthlich die erste lutherische Predigt gewesen, die in unserm Kirchspiel gehalten worden ist. Sie handelt von „Ursache, Grund und Beweis aus der heiligen Schrift, daß geweihtes Salz, Wasser, Kraut, Lichter, Palmfeuer und andere Kreatur und Ceremonie nicht gut und göttlich, sondern mehr böse, abgöttisch und den Christen schädlich sind."

Mit Luther scheint unser Freund in steter Verbindung geblieben zu sein, was daraus hervorgeht, daß der Reformator eines der geistlichen Lieder von Boje in seine Sammlung aufgenommen hat, ein Lied, das in der von Mauritius Kramer besorgten Uebersetzung ins Hochdeutsche anfängt:

Herr Jesu, dein getreu Gemüth,
Das du an uns erwiesen
Aus unverdienter Gnad' und Güt',
Sei ewiglich gepriesen.

Nicolaus Boje starb 1547, nach andern weniger wahrscheinlichen Nachrichten 1542.

Sehen wir an Nicolaus Boje, daß es ein Brunsbütteler Kind war, welches zur Einführung der Reformation in Dithmarschen in hervorragender Weise gewirkt hat, so fragen wir billig nach den Schicksalen seines Bruders Boethius.

Man pflegt zu sagen, wenn man einen Menschen recht stark beloben will, „er habe einen Stein im Brett," mit Boethius Boje ist es noch besser, der hat bei uns nicht nur einen Stein im Brett, sondern sogar einen Stein in der Mauer. Sie kennen alle die schwarze Tafel, die an der Südwand unserer Kirche angebracht ist; diese ist seinem Gedächtniß von seinen Kindern geweiht und redet nun schon in der dritten Kirche Brunsbüttels zu der Gemeinde. Diese Tafel kann uns ein gutes Stück Geschichte unserer Gemeinde erzählen, theils hat sie vielerlei mit erlebt, theils steht auf ihr mancher Name von gutem Klang verzeichnet. Ihre Ueberschrift spricht mahnend Wahrheit, die beherzigenswerth ist zu aller Zeit. Vivit post funera virtus, es lebt die Tugend auch über das Grab hinaus. — Der erste Name, den wir auf dieser Tafel antreffen, ist der des Magister Boethius Boje. Als im Jahre 1524 der letzte päpstliche Vikar starb, wurde Boethius Boje, der ja ebenso, wie sein Bruder Nicolaus, dessen ich vorher erwähnte, ein Schüler Luthers war, zum hiesigen Diakonat berufen, das er bis 1561 verwaltete. Als Pastor wirkte hier mit ihm zusammen Heinrich Dimerbrock, beide in gleicher Weise bemüht, das Werk der Reformation zu fördern. Die Namen beider Geistlichen finden sich unter der Dithmarscher Confession von 1556, und als nach Eroberung des Landes Dithmarschen getheilt ward, hatte Brunsbüttel die Ehre in der Person seines Pastors den ersten Superintendenten des Südertheils zu erhalten. Im

Jahre 1561 starb Dimerbrock, sein Nachfolger im Pastorat war sein bisheriger College Boethius Boje. Er verwaltete dies Amt 4 Jahre hindurch und starb am 2. Februar 1565, nachdem er vierzig Jahre an seiner Heimathsgemeinde gewirkt und ein Alter von 70 Jahren erreicht hatte. Neben ihm wird auf der Gedenktafel in unserer Kirche sein Sohn Nicolaus genannt, der 17 Jahre hindurch Kirchspielvogt von Brunsbüttel gewesen und 1590 am 6. Juli gestorben ist. Ueber die Wirksamkeit beider heißt es auf dem Epitaphium:

Hier liggen Vader unde Sohn
  Hebben bekahmen de himlische Kroen,
Er Lichnam liggen hier tho glick,
  Er Seelen sind in Gades Rieck,
De Vader als een getrüer Knecht,
  Sien Herrn hefft gedenet recht,
Gads Wort hefft he gelehret fien,
  Dem leven Vaterlande sien,
Bet dat he sine graue Haar
  Allhier gebracht tho Rouwe gaar.
Sien Sohn, een Mann, von Rede wies
  Dem Vaterland mit Loff und Pries,
In Welt-Sacken mit höchsten Flieth
  Gedenet hefft ock sine Tiedt,
Bet dat he ock dorch Jesum Christ
  Fien still und sacht entschlapen ist.
Vader und Sohn hebben to glieck
  Verlaten hier dat weltlich Rieck
Hebben sich dem Willen Gades ergeven
  De wart jüm wedder schencken dat Leven,
  O Mensch lehr hier tho düsser Frist,
  Dat du ock Erd und starflich bist.

Nach diesen Worten folgen die Namen der Stifter der Tafel, denn es heist weiter:

diese Tafel hebben Marcus und Harder Boje Gebrödern erim leeven seeligen Vader und Broder tho Ehren hieher setten laten.

Der erste der beiden letztgenannten Namen ist für uns noch besonders bemerkenswerth, weil Marcus Boje auch Pastor an unserer Gemeinde gewesen ist. Boethius Boje hat nämlich mindestens 4 Söhne gehabt, von denen 2 Geistliche geworden sind. War Boethius mit seinem Bruder zusammen zur Universität gezogen, so ließ er auch seine beiden Söhne Marcus und Michael zusammen hinauswandern in die Lehrsäle der größten Geister jener Zeit. Michael wurde später zuerst Diakonus in Meldorf, dann aber Pastor in Wilster und muß ein bedeutender Mann gewesen sein, denn überall werden seinem Namen ehrende Prädicate beigefügt, Neocorus z. B. nennt ihn einen berühmten Mann.*) Marcus ward 1568 Diakonus an unserer Gemeinde und rückte 1602 zum Pastorat auf, verwaltete diese Stelle jedoch nur drei Jahre, denn er starb 1605 an der Pest.

Noch von zwei kriegerischen Ereignissen wurde in dieser Zeit unsere Gemeinde berührt. Zunächst fürchtete man, daß König Friedrich I. von Dänemark, der ja dem Könige Christian II. Thron und Freiheit genommen, Dithmarschen angreifen möchte. Was that man deshalb in Dithmarschen? Man zog 1531 in hellen Haufen nach Brunsbüttel und bewachte Brunsbütteler Dikshörn. Zwei Lieder aus jener Zeit geben Zeugniß von der Wacht an der

---

*) Weinhold in Heinrich Christian Boje pag. 3 sagt von Michael Boje, er stamme von einem ungenannten Bruder jenes Nicolaus. Jener als ungenannt bezeichnete Bruder des Nicolaus ist der eben besprochene Boethius.

Elbe, die ebenso eifrig und wohl gerüstet den Feind erwartete wie die Wacht am Rhein in unsern Tagen.

Das eine der Lieder lautet:

Dar is ein nie Raht geraden,
  Tho Rostorpe up der Heide
Dat hebben de Acht und Vertig gedaen,
  De besten in unsen Lande,
Dat dar scholden vifshundert Man
  Tho Brunsbüttel up der Wachte.
Claes Marcus Hergen stund im Dore,
  He sprak: Gott si gelavet!
Ik seh so mannigen finen Man
  Von Norden her gedravet
Se togen ein lüttik bi Dikelang,
  Wol na der Dikes Horne;
Dar schlogen se de Speisen schwank,
  Wol na der Landsknecht Wise
Wiben Peter und Claes Marx Hergen
  De schoten de groten Büssen aff,
Dartho de witten Schlangen
  Se stelden de Bussen upt Sandt
Se schoten over in dat Kedinger Land.
  Den Kedingern den wardt bange.
Dat hebben de Dithmarscher Buren gedahn
  Se mögen wol Heren wesen.
Leven se noch söven Jare
  Dithmarschen worden Landesheren.

Den Kriegern wurde Löhnung gegeben, und zwar erhielt ein Hauptmann für die ganze Zeit 4 Gulden, seine Untergebenen aber 2 Gulden.

Dieser Kriegszug hatte einen sehr glücklichen Ausgang; Friedrich I. kam nicht und so bestand das einzige Vergnügen darin, daß Wiben Peter und Claus Marx Hergen die Büchsen und Schlangen abschossen, um den Kedingern hin und wieder einen kleinen Schreck einzujagen.

Trauriger war der Ausgang des andern kriegerischen Ereignisses, von dem unser Kirchspiel in dieser Zeit berührt wurde: Herzog Adolph beabsichtigte, sich des Dithmarscher Landes zu bemächtigen, sein Plan wurde verrathen und so sah er sich genöthigt, den König Friedrich II. von Dänemark und den Herzog Johann von Hadersleben, seinen Bruder, mit ins Geheimniß zu ziehen. Diese drei Fürsten versammelten nach einer Zusammenkunft in Jevenstedt ein Heer von 20,000 Mann zu Fuß, 4000 Reitern und 1000 Schanzgräbern, führten 6 Feldgeschütze und 2 Mauerbrecher mit sich und hatten zur Unterstützung ihrer Operationen 4 Linienschiffe auf der Elbe. Nachdem Norderdithmarschen und Meldorf von einzelnen Abtheilungen dieser Armee verschiedentlich waren heimgesucht worden, wandte sich der geschickte Feldherr Johann von Ranzau gegen Brunsbüttel. Am 6. Juni 1559 erschien er vor der großen Schanze, die man dicht vor dem damaligen Brunsbüttel aufgeworfen hatte, und die von einer großen Zahl der Söhne des Landes vertheidigt werden sollte. Die Feinde aber griffen die Brunsbütteler Schanze gar nicht an, sondern wußten eine seichte Stelle in der Elbe ausfindig zu machen, die es ihnen ermöglichte durch Schwimmen und Waten eine Stellung zu erlangen, von der aus sie die Besatzung der Schanze von der Seite packten. An eine Vertheidigung war nun nicht mehr zu denken. Deshalb flohen die Dithmarscher eilig und überließen dem Feinde dies Bollwerk, und in ihm sieben Kanonen und eine Fahne. Der menschenleere Ort hatte eine schwere Plünderung auszuhalten, ehe der Sieger seine Bahn nach Norden hin verfolgte. Dieser Sieg eröffnete ja den verbündeten Fürsten das ganze Land. Schnell zogen die Heersäulen nach Norden und noch in demselben Jahre wurde der für das Dithmarscher

Land so entscheidende Sieg bei Heide von den Fürstenheeren erfochten, der dem Lande seine Freiheit nahm, ein Sieg, der eingeleitet ward durch die Ereignisse auf den Gefilden unsers Kirchspiels. Brunsbüttel war so zu sagen der Schlüssel zu dem Besitz von Dithmarschen und sobald er in Feindeshand war, folgten die andern Ereignisse nur zu leicht von selbst.

In den kirchlichen Angelegenheiten unserer Gemeinde hatte ich eben des Todes von Marcus Boje erwähnt, der 1605 an der Pest starb. Noch in demselben Jahre raffte dies furchtbare Uebel zwei Geistliche unsers Kirchspiels dahin, nämlich Johannes Winterberg und den Magister David Muhle. Diese schreckliche Krankheit, die in einem Jahre in Brunsbüttel drei Geistliche und natürlich eine sehr große Menge von Gemeindegliedern dahinraffte, war nicht zum ersten Male in dieser Zeit in Deutschland, sie hatte vielmehr an vielen Orten bereits im vierzehnten Jahrhundert äußerst zahlreiche Opfer gefordert. Im Jahre 1605 scheint die Pest aber ganz besonders heftig in Brunsbüttel aufgetreten zu sein, denn von den benachbarten Predigern ließ sich keiner zur Uebernahme von Predigten und zur Verrichtung von Amtshandlungen in unserer Gemeinde bestimmen. Da faßte man den Entschluß, den damaligen Rektor Peter Zinghen, der der Sohn eines Pastors in Balje war, zum Diakonus zu nehmen. Es scheint als wäre Brunsbüttel durch die hier herrschende Krankheit von dem Verkehr mit dem übrigen Dithmarschen gänzlich abgeschnitten gewesen; denn Peter Zinghen wurde nicht in Meldorf ordinirt, sondern man schickte ihn über die Elbe und ließ ihn im Lande Kedingen ordiniren. Im Jahre 1629 wurde er ins Pastorat befördert, starb aber in demselben Jahre an der schrecklichen Krankheit, der sein Vorweser auch schon erlegen war. Wie groß die Zahl Derjenigen war, die in unserm Kirchspiel der Pest zum Opfer fielen, kann ich nicht angeben, aber ermessen können Sie die Menge der Menschenleben, welche diese Krankheit dahinraffte, wenn Sie hören, daß in Heide täglich achtundzwanzig Personen begraben wurden ohne die, welche man heimlich einscharrte. Wieder hatte nun nach Peter Zinghens Tode das Kirchspiel keinen Prediger, da betraute der König Christian IV. einen Mann Namens Johannes Emichius mit der Verwaltung des Pastorates. Derselbe erlag jedoch drei Wochen nach seiner Ankunft ebenfalls der Pest. Deßhalb vocirte noch im Jahre 1629 die Gemeinde den Johannes Schlüsselberg zum Diakonus. Die Zeit von 1625 bis 1630 gehört zu den traurigsten, von denen unser Kirchspiel betroffen worden ist, und die vielleicht jemals eine Gemeinde zu tragen gehabt hat. Schon ein Uebel, dessen wir erwähnten, die Pest, lastete schwer auf dem Kirchspiel, aber Gottes Hand legte sich noch schwerer auf dasselbe; denn zu dem einen Leiden gesellten sich zwei andere, die auch jedes für sich im Stande sind, der Menschen Herzen aufs Tiefste erzittern zu machen, es kam der Krieg und es kam die Wassersnoth.

II.

Geehrte Versammelte!

Wir waren in der Betrachtung der Ereignisse, welche das Kirchspiel Brunsbüttel betrafen, in unserm neulichen Vortrage bis in die Zeit des dreißigjährigen Krieges gekommen. Der Landesherr König Christian IV. nahm einen so lebendigen Antheil an demselben, daß man mit Recht eine Periode dieses Krieges die d ä n i s c h e zu nennen pflegt. Selbstverständlich befand sich König Christian, der ein guter Lutheraner war, auf protestantischer Seite. Er war der Ansicht, man müsse den Krieg mit aller Energie zu Lande und zu Wasser führen. In seiner Regsamkeit und Unternehmungslust hatte er bereits Glückstadt gegründet und kam nun 1621 den 30. Juni nach Brunsbüttel, um zu untersuchen, ob sich hier nicht ein K r i e g s h a f e n anlegen lasse. Sie sehen, daß man nun schon seit 250 Jahren sein Augenmerk darauf gelenkt hat, hier einen Kriegshafen anzulegen; hoffen wir denn, daß das Sprüchwort sich dies Mal auch bewähren wird: Was lange wird, wird gut, daß die Untersuchungen für uns zu einem erfreulichen Abschluß gelangen und nicht noch drittehalb Jahrhunderte mit Vorberathungen hingehen. Genug, König Christian kam nach Brunsbüttel und hielt sich vermuthlich auch hier eine Nacht auf; an der Ausführung seiner Idee, Brunsbüttel zu einem

Waffenplatz ersten Ranges zu machen, verhinderte ihn das Kriegsunglück, das er bald erfahren sollte. Er wurde nämlich 1626 von Tilly bei Lutter am Baremberge geschlagen und genöthigt, sich eiligst in seine Erblande zurückzuziehen. Hier rief er alle Männer zwischen dem sechszehnten und sechszigsten Jahre zu den Fahnen. Allein ehe er ein geübtes Heer gesammelt hatte, ging Tilly 1627 bei Tangermünde über die Elbe, nachdem er sich mit Wallenstein verbunden hatte, und beide vereint wollten nun die Herzogthümer erobern. Da erhielt Tilly in der Gegend von Pinneberg einen Schuß ins Knie und Wallenstein zog allein weiter. Wohin er kam, wichen seine Gegner zurück, dem alten Grafen Thurn, der in Meldorf erschien, um die Streitkräfte des Königs von Dänemark zu sammeln, gelang es nicht, Mannschaften aus Diethmarschen zu ziehen. Alles floh, und Wallenstein zog nach dem furchtbaren Blutbad in Breitenburg unbelästigt weiter, Dithmarschen und zunächst unsern Ort bedrohend. Man hatte die Deiche durchstochen und hoffte, die Fluthen sollten gute Verbündete des geängsteten Landes werden; aber ein starker Ostwind trieb, dem größten Feldherrn jener Zeit nützend, die Wasser des Elbstroms dem Meere zu und hinderte sie, in das bedrängte Land einzudringen. Jeder, der etwas zu verlieren hatte und die Kosten der Flucht erschwingen konnte, floh aus unserm Hafen nach Hamburg, Emden oder Amsterdam. Da kam am 3. October 1627 der Oberst Bodendick mit dem Colloredoschen Regimente in Brunsbüttel an und befestigte den Ort und die Schanze. Wallenstein kam selbst nach Brunsbüttel, um die Befestigungsarbeiten zu inspiciren und übernachtete im Ort.

Das Regiment Colloredo bezog in Dithmarschen Winterquartier, und daß unser Kirchspiel mit Rücksicht auf die Verschanzungen nicht zu wenig Einquartierung erhalten hat, dafür wird Wallenstein in seinem Feldherrntalent wohl gesorgt haben. Als die fremden Krieger ihre weltbekannten unmenschlichen Rohheiten in Dithmarschen verübten, beredete der Landmann Claus Paul seine Landsleute zum Aufstand, der am 18. und 19. März 1628 zu Stande kam. Man überfiel die Soldaten, mißhandelte sie und tödtete sie zum Theil in ihren Betten. Die Verschworenen kamen nach Brunsbüttel und hofften dort Unterstützung von Glückstadt, der neugegründeten Stadt Christians IV., vorzufinden. Ihre Hoffnung wurde getäuscht. Dessen ungeachtet griff man die Schanze an, aber die kaiserliche Besatzung schlug mit leichter Mühe die Angreifer zurück, und noch fester als vorher legte sich die Hand des sieggewohnten Wallenstein auf das schwer heimgesuchte Land. Einzelne Dörfer wurden gänzlich ausgeplündert und alle Einwohner von Süderdithmarschen mußten dem Kaiser Ferdinand den Eid der Treue schwören. Eine Anzahl Dithmarscher war von den Kaiserlichen gefangen genommen worden, und Brunsbüttel war der Ort, an dem Oberst Bodendick die Gefangenen hinrichten ließ. Der Friede zu Lübeck, den Ferdinand und Christian IV. am 22. Mai 1629 schlossen, machte dem Elend, das hier zu Lande herrschte, ein Ende; am 10. Juni verließen die Kaiserlichen unsere Schanze, am 12. desselben Monats wurde sie schon wieder von den dänischen Truppen besetzt.

Zu Pest und Kriegsnoth gesellte sich in dieser Zeit als dritte Heimsuchung die Wassersnoth.

Wer mit der Geschichte unsers Kirchspiels nur

aufs Oberflächlichste bekannt ist, weiß doch, daß dasselbe vom Wasser oftmals ist überfluthet worden; die Noth, die augenblicklich an der Ostseeküste unsers Landes eingekehrt ist, hat unser Kirchspiel oftmals betroffen; und dort wie hier sind die Fluthen die Ursache davon gewesen, daß die Frucht des Fleißes vieler Jahre und das Glück manches Hauses in wenigen Stunden begraben wurden. Eine der schwersten Ueberfluthungen ist die vom Jahre 1628. Es ist dies die dritte derjenigen Ueberfluthungen, von denen, alten Nachrichten nach, das Kirchspiel Brunsbüttel besonders betroffen ist; denn die zahlreichen Fluthen, von denen Nachbarkirchspiele heimgesucht wurden und von denen Brunsbüttel in Mitleidenschaft gezogen ward, darf ich hier wohl übergehen. Die erste Fluth, die historischen Nachrichten zufolge unser Kirchspiel schwer heimgesucht, ist die vom Jahre 1566. Durch sie wurde das Dorf Süderhusen, das zwischen Groden und Nordhusen gelegen hat, hinweggerissen. Es soll dies ein bedeutender Ort gewesen sein, der seine eigene Kirche, eine Marienkapelle, gehabt hat. Daß es ein Dorf Süderhusen gegeben hat, darauf weist unser Dorf Nordhusen hin; denn ebenso wie ein Oesterbelmhusen ein Westerbelmhusen zu seiner Voraussetzung hat, ebenso fordert Nordhusen ein Süderhusen. Diese Ueberfluthung beraubte unser Kirchspiel einer großen Strecke Landes, indem etwa 50*) Morgen ein Raub der Wogen wurden.

1617 ist ein Durchbruch gegen Oestermoor hin geschehen, der die Hälfte des Dorfes „Alte Buhr=

---

*) Handschriftliche Aufzeichnung im Kirchspielsarchiv.

wöhrden", nämlich 10 Häuser und 80 Morgen Landes in den Wellen begrub.*)

1628 wurde ein Dorf, Pötthusen genannt, ein Raub der wilden Wasser, die 70—80 Häuser und 20 bis 30 Morgen Land verschlangen. Dies Dorf muß zwischen dem Flecken und der alten Schanze gelegen haben, denn nach einer andern Nachricht werden die weggerissenen Häuser zu Brunsbüttel gerechnet, und eine handschriftliche Aufzeichnung in unserm Kirchspielsarchiv sagt, der Deich sei bei Brunsbüttel gebrochen, so daß die Schanze kaum erhalten werden konnte. Sie werden für diese Fluth bald das Jahr 1628, bald wieder 1629 angegeben finden. — Ich nehme keinen Anstand, zu erklären, daß ich die Zahl 1628 für die richtigere halte; denn einmal nennt die Aufzeichnung in unserm Kirchspiels-

---

*) Ibid.—Viethen spricht noch von einer Sturmfluth vom 1. Dec. 1615, bei der der Deich zu Osten von Brunsbüttel beim Querschlippen durchgegangen sei und das Wasser bis ans Dach der Häuser gestanden habe. Diese Nachricht wird durch eine handschriftliche Aufzeichnung in unserm Kirchspielsarchiv bestätigt, die besagt: 1615 zwischen ult. Nov. und 1. Dec. in der Nacht fast gegen den Tag, brach durch eine große Fluth die Schleuse zu Meldorf. „Im gleichen an der Landscheidung bei der Quetschlippen ging es auch ein und ward der Südstrand mit Wasser überschwemmt." Außerdem erwähnt auch der genannte Schriftsteller, sowie unser Kirchspielsarchiv der Fluthen vom 26. Febr. und 20. März 1625, bei denen viele Menschen und Thiere umgekommen sein sollen. Von diesen Fluthen wird jedoch nirgends, so viel mir bekannt, der Verlust genauer angegeben, den unser Kirchspiel hatte. Viethen sagt nur, die Hamburger Kaufleute und Zuckerbäcker hätten einen Schaden von 370,000 Mark gehabt.

archiv*) dieselbe und andererseits schreibt Viethen: „Den 16. December 1628 erhob sich der Sturm wieder und ist fast in allen Marschkirchspielen eingebrochen, insonderheit hat es solcher Gestalt in Braunsbüttel gewüthet, daß man auch ein groß Stück Land hat ausschlagen müssen.“ Die Verschiedenheit der Jahreszahlen erklärt sich leicht, wenn man annimmt, daß der Durchbruch 1628 im December geschah, der Schaden aber im alten Jahre nicht ausgebessert werden konnte und so das Wasser 1629 durch die entstandene Oeffnung noch immer eindringen und das Land überfluthen konnte.

Als ich Viethens Worte anführte, bediente ich mich für unsern Ort der Bezeichnung „Braunsbüttel.“ In der That kommt in älteren Zeiten diese Form neben der jetzt gebräuchlichen „Brunsbüttel“ vor, so daß ein Dokument aus dem sechszehnten Jahrhundert vielleicht beginnt mit der Ortsbezeichnung „Braunsbüttel“ und endigt mit der andern: „Brunsbüttel“. Aber Sie fragen nach der Bedeutung des Namens unsers Ortes. Ich beginne mit dem zweiten Theil: „Büt“ heißt soviel wie Theil, die Silbe „tel“ ist die Diminutivform; so daß also Büttel soviel bedeutet wie „Theilchen“. Wer nun der Braun oder Bruno gewesen ist, dem dieses Theilchen uranfänglich

---

*) 1628 zwischen Montag und Dienstag war die Fluth durch einen großen Sturm bei Brunsbüttel wieder eingebrochen, die Schanze ward genaulich erhalten, daß sie nicht weggegangen und hat man abermals zwischen der Kirchen und Schanzen ein Stück Landes ausschlagen müssen. In der vollen Woche vor Weihnachten, die Nacht vor Mittewochen ist gar sehr als nicht zuvor gesehen, wieder eingebrochen, auch allenthalben zu Süden und Norden.

gehörte, ist außerordentlich schwer anzugeben. Die Auffassung, die mir mehrfach begegnet ist, daß Bruno, der Gründer Braunschweigs (Brunswicks), auch unserm Ort Entstehung und Namen gegeben habe, dürfte sehr schwer zu begründen sein.*)

Aber in dem Wasser vor Brunsbüttel ist auch ein Schatz verborgen, der, wenn er auch an Werth dem Nibelungenschatze bedeutend nachsteht, doch recht groß sein soll. Er wurde im Jahre 1638 dort versenkt, ist aber seitdem wohl etwas mit Schlick bedeckt worden und deshalb schwer zu heben. Der Mann, der den Schatz dort verbarg, war Johann Fehring, ein Sohn des Kirchspielvoigts Claus Fehring in Hennstedt. Johann Fehring hatte sein Vermögen in kaufmännischen Speculationen verloren, verstand es aber, sich bei den Räthen des Herzogs so in Gunst zu setzen, daß ihm die Verwaltung der Landesangelegenheiten fast ausschließlich übertragen wurde; namentlich hatte er die Rechnungen über Einquartierung und Contributionen an sich gerissen und die auflaufenden Summen meist in seinen Beutel fließen lassen. „Er gelangte zu solcher Ehre und Reichthum

---

*) Es schien mir in Ansehung der Aehnlichkeit der Namen nicht unwahrscheinlich, daß Brunshausen, der Hafen von Stade und Brunsbüttel denselben Gründer hatten; besonders da Bruno, der Gründer Braunschweigs, auch ein Kloster Namens Brunshausen (das später nach Gandersheim verlegt ward) gründete. Allein die verdienten Kenner der Geschichte der Grafschaft Stade, Jobelmann und Wittpenning, theilten mir auf das bestimmteste mit, es sei der Name Brunshausen erst um das Jahr 1600 entstanden (während Brunsbüttels schon 1208 erwähnt wird) und zwar rühre derselbe her von der Bezeichnung des im Dorfe Bredenfled belegen gewesenen Zollhauses, indem man ursprünglich dasselbe bezeichnete: „des Rades brunes hus te Bredenfled.“

als nie keiner weder vor ihm noch nach ihm in beiden Dithmarschen sein wird.“ Auf der Höhe seines Glückes ließ er sich ein Lusthaus bauen und setzte eine Fortuna auf das Dach desselben. Von nun an erwies sich ihm aber die wetterwendische Göttin untreu. Johann Fehring wollte sich in jener Zeit einiger Kirchengüter bemächtigen und gerieth dadurch in Streit mit dem Pastor Johannes Wendeler in Lunden. Dieser verklagte ihn beim Herzog und erschreckte durch seine Anklage den Betrüger so sehr, daß derselbe sich zur Flucht entschloß. Von einem einzigen Diener begleitet kam Johann Fehring 1638 in Brunsbüttel an, um sich über die Elbe setzen zu lassen. Die Angst verläßt ihn auch nicht auf dieser Fahrt und er wirft Papiere und Kostbarkeiten in den Elbstrom. Allem Anschein nach hat er jedoch nicht seine ganze Habe in die Fluthen versenkt; denn es wird uns auch berichtet, er habe als wohlhabender und angesehener Mann in Bremen gelebt, auch soll man noch im Dom daselbst zur linken Hand im Chor seinen Grabstein finden. — Bleiben wir noch einen Augenblick bei den Ereignissen stehen, die der Elbstrom unserm Kirchspiel brachte, so müssen wir erwähnen, daß die Hamburger, die früher so oft von den Brunsbüttelern waren belästigt worden, nun die Brunsbütteler in ihrem eigenen Hafen aufsuchten. Die Hamburger hatten sich im dreißigjährigen Kriege der kaiserlichen Politik angeschlossen und waren dadurch natürlich Gegner von Christian IV. geworden. Nun verfolgten sie 1630 ein dänisches Fahrzeug bis in den Hafen hinein und mißhandelten die Bewohner der Gegend am Hafen. Brunsbüttels glänzende Tage waren dahin, es konnte die erlittene Unbill nicht abwehren, Krankheiten, Kriegsunglück und

Wassersnoth hatten den kühnen Sinn der Bewohner gebrochen!

Aus dieser Zeit will ich noch hervorheben, daß Christian IV. in Begleitung seines Kanzlers Detlef Reventlow und Christian Rantzau Breitenburg unserm Ort einen Besuch abstattete und von hier am Deich entlang nach Barlt fuhr. Ein unliebsamerer Besuch wurde 1644 am 19. März dem Orte durch den schwedischen Obersten Lohusen zu Theil, der mit 500 Reitern von Hanerau über Meldorf nach Brunsbüttel kam und den Ort gänzlich plünderte. Drei Tage später kam dann der dänische Oberst Bauer und erhob in unserm Ort die furchtbarsten Contributionen.

Es stand jedoch für Brunsbüttel in dieser Zeit eine höchst wichtige Umgestaltung bevor. Im Jahre 1635 hatte man die Festungswerke des Ortes bedeutend erweitert und verstärkt, 2 oder 3 Thore führten in den Ort, auf den Wällen waren Wachthäuser errichtet, um den ganzen Platz zog sich ein breiter Graben, der mit der Elbe in Verbindung stand; nach dem Flusse hin hatte man Schutzwerke*) errichtet, die unsern Stacks nicht unähnlich waren. So war Brunsbüttel eine Festung geworden. Nachdem nun die Dänen von den Schweden bei Elmshorn und Stapelholm geschlagen waren, eilte 1645 eine Abtheilung Dänen nach Brunsbüttel und zerstörte die Festungswerke, die man dort mit so vieler Mühe errichtet hatte. Man erbaute eine neue Schanze an der „hohlen Wetterung" oder „Landscheidung", zu Osten von Brunsbüttel und benutzte dazu die Palisaden, die bisher bei der alten Bruns-

*) 1603 wurde der erste Steindeich hergestellt.

bütteler Schanze gestanden hatten. Als die Schweden nun mit ihren Truppen ins Land stürmten, hatte auch Dithmarschen von den Schwedengräueln zu leiden und Brunsbüttel als Vorposten Dithmarschens blieb von dieser Heimsuchung keineswegs verschont. 1645 sollte die Schanze bei Brunsbüttel, den Dänen durch den General Helm Wrangel entrissen werden. Unbemerkt hatte sich der Feind dem Befestigungswerk genähert, schon wollte die aus nur 300 Mann bestehende Besatzung sich ergeben, als der dänische Offizier Martin Günther seine Leute durch beredte Worte zum Widerstand ermunterte und den Feind glücklich abschlug, so daß die Schweden unverrichteter Sache nach Meldorf zurückkehren mußten. Am 13. August 1645 kam es zum Frieden zwischen Schweden und Dänemark und am 8. October wurde ein Dankfest in allen Kirchen zur Feier des wieder erlangten Friedens begangen. Welch eine traurige Zeit! werden Sie sagen Ja! und die Zeit sollte noch trauriger werden, denn 1651 trat eine solche Mißernte ein, daß viele vermögende Leute verarmten und nur Zufuhr von außen die Bewohner vom Hungertode rettete. Die Leiden des dreißigjährigen Krieges und alles Elend, welches das Land durch Feindeshand zu ertragen hatte, entfremdeten die Herzen der Dithmarscher ihren Landesherren.

Im Jahre 1657 sah unser Hafen wieder einmal viele Flüchtlinge, die nach Hamburg oder Holland eilten, weil das Gerücht aufgetaucht war, die Schweden seien abermals im Lande. Diese Nachricht erwies sich freilich als falsch, aber das folgende Jahr brachte in den von dem Kurfürsten von Brandenburg Friedrich Wilhelm geführten Hülfstruppen der Dänen neues Leid über Dithmarschen und unser Kirchspiel, eine Heimsuchung, die durch den für Dänemark sehr ungünstigen Frieden von Copenhagen 1660 beendet ward.

Lassen Sie mich nun erst die innern Angelegenheiten unsers Kirchspiels nachholen. Ich war, was die Kirche betrifft, bei dem Jahre 1629 stehen geblieben, zu welcher Zeit Johannes Schlüsselberg Diakonus an unserer Gemeinde geworden war. Er wirkte hier bis zu seinem 1640 erfolgten Tode. Dokumente, die sich in unserm Kirchenarchiv aus jener Zeit befinden, lassen die Noth, die über das damalige Geschlecht hereingebrochen war, aufs Lebendigste ahnen. Es sind z. B. aus dem einen Jahre 1640 mehr als 70 Schuldverschreibungen vorhanden über Summen von 8 Mark, 15 Mark, meistens von 20 Mark u. s. w., die an Kirchspielsglieder von Seiten des Armenwesens („der Armenkisten") ausgeliehen sind. Sämmtliche Dokumente sind ausgefertigt von Marcus Boje, der damals Kirchspielsschreiber war. Ich bin geneigt, aus diesen Dokumenten den Rückschluß zu machen, daß man genöthigt war, von Seiten des Kirchspiels sehr vielen durch die Fluth der unglücklichen Ereignisse heruntergekommenen Einwohnern wieder aufzuhelfen.

Im Jahre 1630 erhielt Johannes Schlüsselberg einen Collegen in der Person eines Mannes, der seiner Zeit in weitesten Kreisen bekannt gewesen ist. Es war dies der Licentiat Lampertus Alardus. Er stammte aus einer alten Predigerfamilie, sein Großvater war Pastor zu Antwerpen gewesen, hatte diesen Ort aber, wohl wegen religiöser Verfolgungen, verlassen und war Pastor in Wilster geworden; der Vater unsers Alardus, Wilhelm mit Vornamen, war ein bekannter und beliebter Pastor zu Crempe und verheirathet mit Walpurgis von Ancken. Unser Lampertus zeichnete sich auf den Schulen zu Crempe und Salzwedel besonders aus, besuchte dann das Gymnasium zu Hamburg und verließ dasselbe mit dem einundzwanzigsten Lebensjahre, um seine Studien in Leipzig fortzusetzen. 1624 wurde er Magister und disputirte vielfach öffentlich.*) Er war ein so gelehrter Mann, daß die philosophische Fakultät ihm den Lehrstuhl überließ, um Aristoteles zu lesen. Noch in demselben Jahre wurde er auf Vorschlag des durch seine Streitsucht und seinen blinden Haß gegen die Reformirten bekannten kaiserlichen Rathes Dr. Matthias Hoë von Honegg zum kaiserlichen Poeten gekrönt. Nachdem er sich nun kurze Zeit auf der Akademie zu Sorroe in Dänemark aufgehalten hatte, wurde er 1625 zum Diakonat in Crempe berufen, „da er das Glück und die Ehre hatte, seines weitberühmten Herrn Vaters Collega zu sein.“ Am 14. April 1630 trat er sodann „mit großem Applausu“ das Pastorat in Brunsbüttel an. Dr. Honegg gewährte dem gelehrten Brunsbütteler Pastor noch eine andere Auszeichnung. 1643 nämlich regte er ihn dazu an, eine Dissertation zu schreiben, um die Würde eines Licentiaten der Theologie zu erlangen. Alardus fertigte eine Schrift über die Menschwerdung Christi an, konnte aber der Kriegsunruhen wegen nicht nach Sachsen reisen, um sie dort selbst zu vertheidigen. Da dispensirte ihn denn auf Honeggs Vorschlag die Fakultät vom persönlichen Erscheinen und sandte ihm mit den ehrenvollsten Ausdrücken ein Diplom als Licentiat der Theologie. Alardus war ein vielseitig gelehrter Mann, aber

*) de coelo, de philotimia, de pluvia etc.

von sehr heftiger Gemüthsart. Daher kam es denn, daß das süderdithmarscher Consistorium und der Propst Bernhard ihn öfters ermahnen mußten, er pflegte aber selten eine treffende witzige Antwort schuldig zu bleiben, und sein Wissen und Streben nöthigte selbst seinen Widersachern Achtung ab. Alardus starb in Brunsbüttel 1672.

Seit 1640 war bis 1666 Jacobus Wackerow aus Mecklenburg sein College gewesen, dem Boethius Frantzen aus Brunsbüttel im Diakonat folgte. Der Vater dieses Brunsbütteler Kindes, Peter Frantzen, ist ein studirter Mann gewesen, wie mehrfach gemeldet wird und wie auch aus dem Umstand hervorgeht, daß ihm in einer Schuldverschreibung, die sich bei der Kirche befindet, das Prädikat „Herr" gegeben wird, das in jener Zeit nur den Studirten und Landesgevollmächtigten zukam. Die Familie Frantzen muß in jener Zeit zu den angesehensten unsers Kirchspiels gehört haben, so war z. B. um 1608 ein Glied dieser Familie Landesgevollmächtigter in Brunsbüttel und seine Tochter Elsabe heirathete damals in die dithmarscher Pastorenfamilie Ram. Boethius Frantzen wirkte 12 Jahre an unserer Gemeinde und fiel am 15. September 1678 unter der Predigt todt nieder, sein Leben beschließend an dem Orte seiner Wirksamkeit ähnlich dem Feldherrn, der den Tod findet auf dem Schlachtfelde.

Seit 1672 hatte neben Boethius Frantzen als Pastor auch ein geborener Brunsbütteler gewirkt, so daß wir das gewiß seltene Vorkommniß hier zu bemerken haben, daß in einer kleinen Landgemeinde zu gleicher Zeit zwei Kinder dieser Gemeinde das Wort Gottes predigen. Der Name dieses Pastors war Johannes Wackerow. Er war ein Sohn des

1666 verstorbenen Diakonus Jacobus Wackerow und wurde ohne Wahl zum Pastorat berufen. An seinem und seines Vaters Leben wird uns die Schreckenszeit des dreißigjährigen Krieges recht klar. Sein Vater wurde in Folge der Kriegsereignisse aus seinem Heimathlande Mecklenburg flüchtig, nachdem er schwere Verwundungen von den wüthenden Soldaten erlitten hatte; und Johannes, der Erzieher der Söhne des Grafen Hahn auf Hinrichshagen gewesen war, mußte den Vater veranlassen, den Leichnam des in seinem Hause erschlagenen jungen Grafen Christopher Hahn zu verbergen. Das hat er dann auch endlich gethan und den Leichnam ein ganzes Jahr in seinem Hause versteckt gehalten und dann für ein ehrenvolles Begräbniß gesorgt.

Hier sind wir wieder an einer Stelle angelangt, an der es nothwendig ist, von den Heimsuchungen zu reden, die Brunsbüttel durch Ueberfluthungen erlitten hat. Ich habe bereits an drei große Fluthen erinnert, die in den Jahren 1566, 1617 und 1628 unserm Kirchspiel bedeutenden Schaden zufügten, jetzt sind es wieder drei Ueberschwemmungen, an die wir zu erinnern haben, aus den Jahren 1656, 1664 und 1674.

1656 wurden bei dem entstandenen Deichbruch vom Kirchort 14 Häuser und 3 Morgen-Land weggerissen, 1664 dagegen von den Dörfern Groden und Wall 10 Häuser und 37 Morgen.

1674 ereignete sich das große Unglück, das dunkel in dem Gedächtniß aller Gemeindeglieder lebt. Der ganze Ort nebst Kirche und Schulen wurde zerstört, ebenso Häuser von Oldebuhrwörden, das Fährhaus und 8 Häuser unter dem Deich. Wie groß die Zahl der Häuser gewesen ist, welche zerstört wurden, wird nicht angegeben, wohl aber besagt eine Nachricht, daß 66 Morgen Landes weggerissen wurden und eine im Kirchspielsarchiv befindliche Schrift giebt die Zahl der verloren gegangenen Morgen Landes sogar auf 80 an. Das alte Brunsbüttel, bei dessen Todesjahr wir nun angelangt sind, muß viel größer und bedeutender gewesen sein, als unser Ort gegenwärtig ist. Einerseits beweist dies die hervorragende Stellung, die Brunsbüttel in der Geschichte Dithmarschens eingenommen hat, andererseits geht dies aus dem aus dem Jahre 1637 stammenden Grundriß hervor, der uns über unsern Ort in Dankwerth's Chronik aufbewahrt ist. Da sind mehr Straßen vorhanden als heute, das Gebiet, auf dem der Ort sich erhebt, ist ausgedehnter, als das des gegenwärtigen Brunsbüttel, und die Kirche scheint auch in größeren Dimensionen erbaut gewesen zu sein als unser jetziges Gotteshaus. Daß Brunsbüttel in vergangenen Tagen von besonderer Wichtigkeit gewesen ist, scheint mir auch aus dem Umstande hervorzugehen, daß auf der Landkarte von Dithmarschen aus dem Jahre 1553, welche sich in Dankwerth's Chronik befindet, nur zwei Ortschaften in Süderdithmarschen als Städte verzeichnet sind, nämlich Brunsbüttel und Meldorf, während alle andern Kirchspiele als Dörfer notirt sind. Alle Größe und aller Einfluß unsers Ortes wurde begraben, und wo einst fröhliche, wohlhabende Menschen wohnten, da treiben die Wogen nun ihr unruhvolles Spiel

Lassen sie mich an dieser Stelle einer Sage Erwähnung thun, die sich bei uns in Vieler Munde befindet; denn es ist Ihnen wohl Allen zu Ohren gekommen, daß die Glocken in dem uns gegenüberliegenden hannöverschen Dorfe Balje einst in dem

Brunsbütteler Kirchthurm gehangen haben. Nun erzählt man sich freilich die sehr nüchterne Geschichte, es seien die Glocken aus dem zerstörten Brunsbütteler Kirchthurm ans Kedinger Ufer gespült, dort aufgefischt, im Baljer Kirchthurm aufgehängt worden und riefen nun sehnsuchtsvoll „na Brunsbüttel, na Brunsbüttel." Ich sage, eine solche Erzählung ist nüchtern, aber sie ist auch falsch, denn der Kirchthurm des alten Brunsbüttel ist 1674 gar nicht eingestürzt, sondern erst später abgetragen worden. Viel schöner und auf besserer historischer Grundlage geboren erscheint mir deshalb die Sage, welche erzählt: Als das Land um Brunsbüttel überfluthet und Alles in Noth war, da kamen die Kedinger in unsern Ort, benutzten den Augenblick allgemeiner Verwirrung und allgemeinen Elends und raubten die Brunsbütteler Glocken, die wegen ihrer Größe und ihres schönen Klanges allgemein berühmt waren. Erbitterten Herzens rief ein Brunsbütteler den Glocken die Verwünschung nach:

Fortan soll euer Klang es sagen,
Wem ihr gehört in frühern Tagen;
Bis die Kedinger ihr Land unter Wasser sehn
Und ins Kedinger Land die Dithmarscher gehn
Sollt ihr jammern und zagen,
Sollt ihr stöhnen und klagen:
„Nach Brunsbüttel"
„Nach Brunsbüttel"!

Die Kedinger eilten heim, hingen die Glocken in ihrer Kirche auf und — sobald man anfing zu läuten tönten sie: „Nach Brunsbüttel", „Brunsbüttel". Wenn man diesen Ruf an unserm Ufer recht deutlich hören konnte, so war das ein Anzeichen, daß schlechtes Wetter nahe sei, die geraubten

Glocken wollten dann ihre geliebten alten Freunde warnen. Aber der Fluch, der den Glocken nachgerufen war, sollte gelöst werden, die Brunsbütteler sollten ins Kedinger Land ziehen, als dasselbe mit Wasser bedeckt war. Dies Ereigniß traf erst in unserm Jahrhundert ein und zwar 1825. Am 4. Februar 1825 brach der Deich auf der Kedinger Seite und die Wasserfluth trennte die Bewohner von Balje vom festen Lande. Die Wogen bedeckten sich schnell mit einer Eiskruste, die zu dünn war, um Menschen zu tragen und doch so dick, daß sie jedem Fahrzeug den Weg versperrte. Da, als die Kedinger von aller Welt verlassen waren, war für die Brunsbütteler der rechte Augenblick zur Rache gekommen. Man eilte zu den Böten und am 6. Februar steuerte die Brunsbütteler Mannschaft nach dem jenseitigen Außendeich hin. Man landete glücklich, rückte auf Balje zu und die Brunsbütteler nahmen — nicht die Glocken — sie nahmen herzlichen, lebendigen Antheil an der Noth der Brüder, nahmen auch die Kleidungsstücke und Nahrungsmittel, welche sie mitgebracht hatten und reichten sie den Unglücklichen dar. Der Fluch war gelöst: Die Kedinger hatten ihr Land unter Wasser gesehen und zu solcher Zeit waren die Brunsbütteler in ihr Land gekommen; nun klagen und jammern die Glocken nicht mehr, wohl rufen sie noch „nach Brunsbüttel, Brunsbüttel", aber wir hören aus ihrem Klange nur noch den Dank, den sie nach unserer Gemeinde herüberschallen lassen, hören das Frohlocken darüber, daß sie hier eine Gemeinde zum Gottesdienst gerufen haben, die willig Samariterdienste übte, als die Brüder Noth und Elend litten.

Aber kehren wir von der Sage zur Geschichte,

aus dem Gebiete der Betrachtung auf den Boden der Wirklichkeit zurück. Es gehörten Muth und Gottvertrauen dazu, sich an dem Orte wieder anzubauen, an dem man so vielerlei Leiden erfahren hatte, aber wie der Bergbewohner den Berg liebt, auf dem seine Vorfahren kärglich ihr Dasein fristeten, wie der Bewohner der Halligen mit unsichtbaren Banden sich an die Scholle gefesselt fühlt, die seiner Habe ein jähes Grab bereitet hat, so knüpften die Erinnerungen an die Vergangenheit auch die Männer, die vor uns hier lebten, an die Scholle, auf der ihr Haus gestanden hatte: man richtete sich wieder ein, legte den Ort etwas weiter vom Ufer entfernt an, man baute, und baute Brunsbüttel an der Stelle auf, an der es gegenwärtig liegt.

Genau den Ort anzugeben, an dem das alte Brunsbüttel gelegen hat, ist kaum möglich, es ist jedoch wahrscheinlich, daß es nicht weit von der Mündung unsers jetzigen Hafen gestanden hat. Findet man doch noch heutigen Tages, wenn man bei recht bedeutender Ebbe nicht weit vom Ufer vor Soesmenhusen einige Fuß tief in die Erde gräbt, Theile von Gebäuden, besonders Feuerherde; auch stieß man ja, als man vor mehreren Jahren an der Ecke, welche der Deich bildet, indem er sich von Soesmenhusen nach dem alten Hafen wendet, einen Brunnen graben wollte, auf einen vortrefflichen, sehr tiefen, durchaus wohlerhaltenen Brunnen, der von dem Besitzer des dort erbauten Hauses noch jetzt als Brunnen benutzt wird. Ob nun diese Ueberreste speciell zu dem alten Kirchort Brunsbüttel oder zu einem Dorfe unsers Kirchspiels, etwa zu Altebuhrwöhrden, gehört haben, ist schwer zu entscheiden.

Es ist oft in Zweifel gezogen worden,*) ob die Fluth, welche eine Umlegung des Fleckens veranlaßte, 1674 oder später eingetreten sei, ich glaube aus unsern Kirchenrechnungen den unumstößlichen Beweis dafür liefern zu können, daß 1674 wirklich das Jahr dieser schweren Heimsuchung gewesen ist. Zunächst werden nach der Kirchenrechnung für 1674 sämmtliche Kirchengebäude ausgebessert, wohl um den Geistlichen ein augenblickliches Unterkommen zu gewähren, so z. B. wurden 1674 im Pastorat alle Scheiben, die wohl von den Wogen eingedrückt waren, reparirt. In der Rechnung pro 1675 kommt sodann folgender Passus vor: „Anno 1675 Ostern nachgesetzte Ländereien der Kirchen zum Besten eingekauft, umb das neue Flecken darauf anzulegen, die auch zum Theil bezahlet, „alß pp.“. Im Ganzen kaufte die Kirche für 2741 Mark 6 Pfennige Land für den neuen Flecken. Ferner besitzen wir in der Kirchenrechnung pro 1676 ein Verzeichniß von allen Personen, die sich zuerst in dem neuen Flecken angebaut haben, es sind dies 42 Personen, darunter u. A. die Wittwe des Pastors Lampertus, Alardus, Hinrich Piehl, Peter Boje, Johann von Spreckelsen, Claus Puls, Peter Schwabe, und haben dieselben im Jahre 1676 zuerst die an die Kirche zu entrichtende Grundsteuer bezahlt. Für den neuen Flecken wurde auch 1675 die Verordnung erlassen, es dürfe kein Haus in Brunsbüttel mit Stroh gedeckt werden. Um jeden Zweifel an der Richtigkeit der Jahreszahl 1674 zu nehmen, führe ich noch an, daß in diesem Jahre zum Zweck der Aufführung

---

*) U. A. von Hansen und Wolf in der Chronik des Landes Dithmarschen pag. 43.

eines neuen Deiches ein Kajedeich geschlagen wurde, zu dessen Erreichung die Kirche contribuirte, und daß man in dem genannten Jahre Reisen machte, um für Erbauung einer neuen Kirche zu collektiren. (Peter Boje 3 Tage auf Glückstadt, Sammlung vor hies. Kirche, Zehrung 6 Mark 8 Sch.) und für Verlegung des gesammten Ortes Vorbereitungen traf (An Tönnies, den Gärtner des Herrn Pastoren, Bäume helfen ausgraben und abhauen, umb nach dem neuen Flecken zu verfahren, 1 Mark 8 Sch.*). — Unser Kirchspiel war so weit heruntergekommen, daß es die öffentliche Mildthätigkeit in Anspruch nehmen mußte. Es wurde an vielen Orten, freilich mit geringem Erfolge, gesammelt, denn aus Rendsburg, Flensburg und Hadersleben gingen zusammen 41 Mark 13 Sch. ein; besonders bedeutend tritt dem gegenüber die Gabe des Brunsbütteler Kindes, des Vicekanzlers Johann Helm Excellenz, der auch sonst vielfach als Wohlthäter unsers Kirchspiels genannt zu werden verdient, und der die für damalige Zeiten recht nennenswerthe Gabe von 75 Mark seiner Heimath spendete.

Wollen Sie sich von dem über Brunsbüttel hereingebrochenen Unheil eine richtige Vorstellung machen, so müssen Sie nicht denken, daß die Fluth von 1674 die Gebäude sämmtlich in Trümmerhaufen verwandelt hatte, das war keineswegs der Fall; vielmehr hatten die Elemente viele Gebäude freilich völlig zerstört, viele dagegen nur stark be-

---

*) Wolf und Hansen I. c. p. 43, sowie das 1809 angefertigte Kircheninventar zu Brunsbüttel, auf das W. und H. sich beziehen, irren also, wenn sie 1677 als das Jahr nennen, in welchem die Erwerbung des Landes Statt fand, auf dem nun der Kirchort steht.

schädigt. So kam es denn, daß man die in dem alten Flecken befindlichen Materialien nach und nach in den neuen Flecken überführte. Man erbaute z. B. 1675 das noch heute als Diakonatgebäude dienende Haus. Dasselbe giebt ein indirektes Zeugniß von dem Einfluß, dessen sich die Familie Boje in jener Zeit noch erfreute; es war damals Johann Boje Kirchspielsschreiber und Peter Boje zusammen mit Hinrich Piehl Kirchenbaumeister. Da meinten die Boje wohl, sie sollten sich mit ihrem Wappen in dem unter ihrer Leitung erbauten Hause verewigen. Sie finden nämlich im Diakonat eine Holzschnitzerei angebracht, welche dasselbe Wappen darstellt, das Sie in der Kirche auf der Tafel mehrmals wahrnehmen, die dem Gedächtniß der Boje'schen Familie geweiht ist, enthaltend einen halben Adler (in weißem Felde) und drei Gerstenkörner (in blauem Felde). Wahrscheinlich hat aber Peter Boje seinen Ehrgeiz, sich in einem Kirchengebäude zu verewigen, aus eigner Tasche bezahlen müssen, denn die 7 Mark 8 Sch., die er an den Schnitzer Willer Mertens gezahlt hatte, sind ihm in der Rechnung wieder gestrichen. Im folgenden Jahre, also 1676, wurde das Pastorat erbaut, jedoch nicht das Gebäude, welches jetzt von mir bewohnt wird; dies ist vielmehr 1772 neu errichtet, also nun gerade 100 Jahre alt. Die deutsche Schule, die man im alten Brunsbüttel erst 1650 neu aufgeführt hatte, wurde 1676 nach dem jetzigen Brunsbüttel übergeführt. Noch ist aus diesem Jahre zu bemerken, daß man in ihm am 25. Juni zum ersten Male einen Jahrmarkt in unserm Flecken abhielt.

In den Jahren 1678 und 1679 wurde eine Kirche an der Stelle erbaut, an der nun unser

Gotteshaus steht. Man hatte zur Besichtigung der alten Kirche einen Maurermeister aus Stade kommen lassen; ob er aber die neue Kirche gebaut, vermag ich nicht anzugeben. Die von der Fluth so oft bedroht gewesene Kirche des alten Brunsbüttel stand noch und wurde zur Abhaltung des Gottesdienstes benutzt, ja sie ist sogar 1676 am Dach noch wieder ausgebessert worden. Am 26. April 1677 fing man an, das Gotteshaus abzubrechen, in dem zu der Gemeinde so manches Wort des Trostes und der Mahnung geredet worden war; zwei Male wurde noch während des Abbruchs in dem alten Gebäude gepredigt, zum letzten Male am 6. Mai 1677. Am 11. desselben Monats hielt man die erste Predigt in der Schule im neuen Brunsbüttel und legte am 13. Juni 1677 den Grundstein zur neuen Kirche. Man muß eifrig an dem Gebäude gearbeitet haben, denn man stellte, wie auch die in der Westmauer unserer Kirche angebrachte Jahreszahl beweist, sie bis zum Ende des Jahres 1678 fast fertig. Am 16. November 1679 hat Propst Cajus Arends die neue Kirche eingeweiht, die nur 40 Jahre unserer Gemeinde als Ort der Erbauung dienen sollte.

Auch den neuen Ort bedrohte das furchtbare Element, das ihm so oft verderblich geworden war, immer wieder mit seinen Angriffen und es wurden durch die Wogen noch 3 Male im alten Jahrhundert gewaltige Verheerungen im Kirchspiel Brunsbüttel angerichtet; 1684 verlor der Oestermoor 10 Häuser und 96 Morgen; 1685 abermals der Oestermoor 40 Häuser und 100 Morgen Land, auch stand das Wasser auf dem Marktplatz des Kirchortes damals kniehoch; 1699 büßen Groden und Wall 40 Häuser und 42 Morgen ein.

Besonders folgenschweres Unglück traf 1717 und 1718 unser Kirchspiel. Am Weihnachtsabend 1717 erhob sich ein starker mit Regen vermischter Sturm, der in der Nacht nach Nordost umsprang und die Wassermassen so stark gegen die Deiche trieb, daß diese Schutzwehr brach. Statt des Festgeläutes tönten die klagenden Töne der Sturmglocken über das Land hin, das mit Wasser bedeckt war. Bei dieser Fluth war der Verlust von 173 Menschenleben zu beklagen, 62 Gebäude stürzten ein, 200 Häuser waren beschädigt und sehr viel Land war durch das Salzwasser unbrauchbar gemacht. Diese Fluth bereitete dem Kirchspiel einen Verlust von 772 Morgen. In der Gemeinde herrschte die bitterste Armuth, so daß alle Steuern erlassen werden mußten. Alle Marsch- und Geestbewohner wurden beordert, an den Deichen zu arbeiten, Dragoner wurden in die nächsten Kirchspiele gelegt, um solche Personen, die sich zu helfen weigerten, zur Arbeit zu zwingen. Der König schenkte große Bäume, um die Eddelacker Brake durchzudämmen, zwei Male war der Deich vollständig fertig, aber zwei Male wurde er von den wilden Wassern wieder völlig zerstört. In Folge dessen ward der Ort am 31. December 1719 wieder überfluthet. Nun sandte der König Friedrich IV. den Obersten Jobst von Scholten mit 5000 Mann Soldaten, um zusammen mit den Bewohnern der Wilstermarsch den Deich wieder herzustellen. Man gab die alte Deichlinie auf, überließ 772 Morgen Landes dem Spiel der Wellen und schlug den Deich, der jetzt ein Binnendeich oder Schlafdeich ist und bis zum heutigen Tage von seinen Erbauern den Namen Soldatendeich führt. Dies Werk erreichte mit dem 21. November 1721 seine Endschaft. Durch die Richtung, die man dem neuen Deich gegeben hatte, wurde unser jetziger Koog Außendeichsland. Im Jahre 1762 unternahm die Landschaft Süderdithmarschen wiederum die Eindeichung dieses Stückes, das immer zu Brunsbüttel gehört hatte. Nach vielen Mühen gelang die Absicht und man gewann ein Stück Landes von Neuem, das durch vierzigjährige Ruhe gekräftigt, goldene Saaten trägt und zu den besten Marschstrichen, die es giebt, gehört. Das alte Kirchspiel Brunsbüttel reichte der wiedergewonnenen Tochter die Hand. Was kirchliche Angelegenheit betrifft, so nahm das wiedergefundene Kind willig die dargebotene Rechte an, was die politische Selbstständigkeit angeht, wollte es durchaus auf eigenen Füßen stehen. So bildeten sich Verhältnisse, die bis in die neueste Zeit nachgewirkt haben und dem Koog den Buchstaben des Rechtes geben, sich von dem Binnerkirchspiel Brunsbüttel u. A. in Armensachen zu trennen. — Wie tief die Fluth von 1717 auf alle Verhältnisse einwirkte, können wir z. B. aus dem Umstand ermessen, daß im Jahre 1717 hierselbst 80 Kinder getauft wurden, während 1718 die Zahl auf 40 und 1720 sogar auf 30 sank. Vielen war ihr Eigenthum genommen und sie mußten anderswo ein Unterkommen suchen, Vielen hatte die Fluth einen schnellen, furchtbaren Tod bereitet.

In dem Zeitraum von ungefähr 150 Jahren hat Brunsbüttel durch Ueberfluthungen eingebüßt mehr als 232 Häuser und ungefähr 1260 Morgen Land.

Am 12. November 1719, also ungefähr zwei Jahre, nachdem die letzten großen Ueberfluthungen ihren

Anfang genommen hatten und der Deich noch nicht geschlossen war, wurde unter der Predigt die Kirche vom Blitz getroffen und eingeäschert. Sie haben vielleicht in Hansen und Wolf's Chronik gelesen, daß der Blitz unsere Kirche während eines neuen Deichbruchs getroffen habe. Ich möchte die Sache so auffassen, daß seit 1717 fortwährend bei starkem Winde Ueberfluthungen Statt fanden, da man ja erst 1721 den neuen Deich, der das Binnerkirchspiel Brunsbüttel von der Elbe trennte, fertig stellte. Nun hat sich wohl am 12. November ein Gewitter, von heftigem Sturme begleitet, eingestellt, und so ist während einer der vielen Ueberfluthungen der Schaden angerichtet. Die Glocken zerschmolzen, und aus der alten Kirche rettete man nur den Taufstein und die Kanzel. Welch neue Noth!

Jetzt war die Gemeinde so weit herabgekommen, daß man für den Wiederaufbau der Kirche von Ort zu Ort collektiren mußte. Friedrich IV. nahm sich der Gemeinde mit landesväterlicher Huld an und schenkte einen großen Theil der Summen, die zum Kirchbau nöthig waren, indem er sogenannte Erbgelder, die sonst dem Staate anheimgefallen wären, unserer Kirche zuwies; im Ganzen, soviel mir bekannt, 3400 Mark Courant. Vom Generalsuperintendenten Claussen gingen 1039 Mark, von der Petrikirche in Copenhagen 660 Mark, im Ganzen 5803 Mark 11 Sch. ein. Die Kosten des Neubaues beliefen sich auf 14900 Mark, so daß die Gemeinde doch noch aus eigenen Mitteln 9000 Mark zu decken hatte. 1723 fing man an, unser jetziges Gotteshaus zu bauen und 1724 wurde es eingeweiht. Man hatte für diese Feier den Sonntag Exaudi d. i. „erhöre" gewählt und gewiß ist aus jedem Herzen das innige Gebet geflossen, Gott wolle die Bitten der Gemeinde um Ruhe, Schutz und Segen erhören. Der Baumeister der Kirche war Hans Peter Töpfer, Zimmermeister in Itzehoe; die damaligen*) Glocken sind von Johann Valentin Möller in Hamburg gegossen.

1723 feierte man das Richtfest, das von dem Kirchenbaumeister Hinrich Piehl für 24 Mark 14 Sch. ausgerichtet wurde, incl. „Bewirthung der Jungfern beim Kranzbinden."

Was aus der alten Kanzel geworden ist, kann ich nicht angeben; die hübsche Kanzel, die sich jetzt in unserer Kirche befindet, wurde 1725 von den Bildhauern und Tischlern Hans Eckermann und Hans Reyer aus Hamburg für 430 Mark angefertigt. Zum Dank für die Hülfe, welche Friedrich IV. unserer Gemeinde geleistet hatte, wurde der sog. Königsstuhl erbaut, an der Stelle, an welcher gegenwärtig der Chor seinen Platz hat. Sie sehen dort als ein Zeichen, wenn jener Ort früher reservirt war und zugleich als ein Zeichen der Dankbarkeit das königlich Dänische Wappen angebracht. Dies Wappen und die zum Königsstuhl führende Wendeltreppe haben gleichfalls die eben genannten Künstler für 330 Mark hergestellt. Unsere Kirchenuhr ist von Hinrich Spannback in Glückstadt angefertigt und kostet nur 416 Mark.

Noch will ich einige besonders bemerkenswerthe Stücke hervorheben, die sich in unserer Kirche befinden; nämlich das geschnitzte Altarblatt und die messingenen Altarleuchter. Diese Gegenstände stam-

*) Die Glocken, die sich jetzt im Kirchthurm zu Brunsbüttel befinden sind umgegossen 1861.

men aus der Schloßkirche in Glückstadt. Für die eben genannten Stücke und die frühere Orgel boten die Brunsbütteler beim Abbruch der Schloßkirche 67 Mark 15 Sch. erhielten den Zuschlag und die Königliche Approbation und führten dieselben 1726 (also nachdem die Kirche schon 2 Jahre lang benutzt worden war) hierher über. Unser Altarblatt stellt in 12 Medaillons die einzelnen Punkte des Glaubensbekenntnisses dar; leider sind die zum großen Theil freistehenden Figuren dieser schönen Holzschnitzarbeit mit weißer Farbe dick überstrichen. Die Orgel, die man alt aus der Glückstedter Schloßkirche entnahm, war bei uns 140 Jahre im Gebrauch und wurde dann an die Kapelle der Alsterdorfer Anstalten bei Hamburg für 100 Mark überlassen. Auch dort befindet sie sich nicht mehr, sondern ist nach einer sehr gründlichen und kostspieligen Reparatur zu einem Werk ersten Ranges ausgebaut worden und steht nun in der Kapelle des Jakobikirchhofs in Hamburg. Ich will Sie nicht weiter mit Herzählung von Einzelnheiten ermüden und bitte Sie deshalb, mir nach der weißen Tafel zu folgen, die sich hinter dem Altar befindet. Sie trägt folgende Inschrift:

Soli Deo Gloria.

Nachdem diese Kirche durch Gottes Verhängniß am 12. November 1719 unter der Predigt von einem Blitz angezündet und gänzlich in Asche gelegt, daß nur die Mauern stehen geblieben, so ist solche im Jahre 1723 wieder zu bauen angefangen und so weit im Stande gebracht, daß sie den 21. Mai 1724 eingeweihet und die erste Predigt darin gehalten worden, da dann gelebet:

Herr Jacobus Piper Pastor.
" Claus Linau Kirchspielvoigt.
" Manke Boje
" Joh. Petersen } Landesgevollmächtigte.
Marx Paul
Peter Karstens
Jacob Boje
Jacob Rolfs
Peter Paulsen
Jacob Boje } Kirchspielsdeputirte.
Johann Martens
Joh. Paulsen
Jacob Jacobsen
Jacob Boje } Kirchenbaumeister.
Boje Boje
Hinrich Knuth
Peter Wolter
Hinr. Joh. Hinrichs } Armenvorsteher.

Sie finden zunächst auf dieser Tafel nur einen Pastor aufgeführt, während Sie doch gewohnt sind, Sich immer zwei Vertreter des geistlichen Standes in unserm Kirchspiel zu denken. Damit, daß nur ein Pastor auf der weißen Tafel genannt wird, hat es folgende Bewandtniß. Als 1717 die Fluth über Brunsbüttel die größte Noth brachte, da war die Gemeinde nicht mehr im Stande zwei Geistliche zu erhalten. Deshalb versetzte König Friedrich IV. den damaligen Pastor Gabriel Baumann 1721 nach Esgrus und der bisherige Diakonus Jacob Piper folgte seinem bisherigen Collegen im Pastorat nach, indem er vom Könige zum alleinigen Pastor ernannt ward. Das Diakonat blieb vom Jahre 1721 bis 1737 unbesetzt. Im Jahre 1737 wurde es dem

Rektor Georg Friedrich Breithaupt übertragen, der dann das Rektorat und das Diakonat zugleich verwaltete.

Lassen Sie mich noch in der Kürze einige bemerkenswerthe Ereignisse aus jener Zeit hervorheben: 1765 wurde beim Tode des Kaisers Franz I. hier wie für den Landesherrn geläutet.*) Ich erwähne diesen Umstand nur, um Sie darauf aufmerksam zu machen, daß die deutschen Marschen immer den deutschen Kaiser als ihren Landesherren ansahen und mit dem gesammten Vaterlande bei seinem Hinscheiden die Trauerglocken über die Gemeinden dahin tönen ließen.

Die Jahreszahl des folgenden Jahres 1766 finden sie an der Westmauer unserer Kirche über der Zahl 1678 angebracht und soll dieselbe uns daran erinnern, daß in diesem Jahre eine Hauptreparatur der Kirche vorgenommen wurde.**) Die schönen Ulmenbäume, welche eine besondere Zierde unsers Kirchplatzes und Ortes sind, wurden 1776 von Hamburg geholt und hierher gepflanzt, nachdem man drei Jahre früher ähnliche Bäume, die dort gestanden hatten, verkauft hatte.

Aber lassen Sie mich mit der Betrachtung der Ereignisse und Verhältnisse unsers Kirchspiels schließen, indem ich einen Augenblick auf den Anfang meiner Vorträge zurückblicke. Wilde Sitten, geringe Beachtung friedlicher Verträge, geringere Sehnsucht nach friedlichen Zuständen mußte ich Ihnen vorführen, aber ich durfte Sie auch darauf hinweisen, wie es den Söhnen unsers Kirchspiels nie an Muth

---

*) Organist Dreessen erhielt laut Kirchenrechnung 21 Mark dafür.

**) Auf eine Reparatur des Daches bezieht sich die an der genannten Stelle angebrachte Jahreszahl 1777.

gebrach, wo es galt im Kampfe mit einem überlegenen Feinde dem Tode ins Auge zu sehen; durfte Sie erinnern an die Männer, welche wir an ihrem Platze fanden, wo es galt Leben und Wohlsein einzusetzen für die höchsten Güter der Menschheit. Unverzagt unter den Mühen des Lebens, voll Gottvertrauen im Unglück, so waren die Väter unsers Kirchspiels, sorgen Sie, sorgen wir dafür, daß das nachwachsende Geschlecht würdig werde des vorangegangenen, damit, was auf den Gedenktafeln in unserer Kirche geschrieben steht, von den Gliedern der Gemeinde stets bewiesen werde, nämlich:

Gott allein die Ehre,

und

Frömmigkeit und Bürgertugend über das Grab hinaus.

Verzeichniß
derjenigen Geistlichen, welche seit der Reformation an der Kirche zu Brunsbüttel gewirkt haben.

A. Pastoren.

1. Heinrich Dimerbrock ward 1524 zum Pastorat berufen und wird als ein fleißiger und sehr begabter Prediger gerühmt. Er war der erste Superintendent über den Rendsburger Antheil nach Eroberung des Landes 1559 und starb 1561.

2. Magister Boethius Boje*) aus Brunsbüttel, Sohn des Marcus Boje. Auch er wurde 1524 als Geistlicher und zwar als Diakonus angestellt und folgte 1561 seinem bisherigen Collegen ins Pastorat. Er starb 1565 den 2. Februar.

3. Heinrich Tillar folgte dem eben Genannten 1565, wurde aber nach 10 Jahren aus seinem Amte entlassen, nach der Angabe Hellmanns, weil er eine heisere Stimme hatte, wahrscheinlich aber wohl, weil er in katholisirende Irrlehren verfallen war. Er starb 1608. Petrus Baumann erzählt in seinem handschriftlichen

---

*) vide pag. 17. Des Propsten Stephanus Ramm Verzeichniß ꝛc. A. 1601.

Catalogo ministr: Tillari persecutores, Deo vindice, misere perierunt.*)

4. Zacharias Catensius ward 1575 Tillars Nachfolger; starb 1602, wurde begraben am 16. Juli. Propst Stephanus Ramm hielt ihm die Leichenrede.

5. Marcus Boje**) aus Brunsbüttel, Sohn des Pastor Boethius Boje. Er wurde 1568 Diakonus und 1602 Pastor hierselbst. Er starb am 25. März 1605 an der Pest.

6. Johannes Winterberg wurde 1602 Diakonus, 1605 Pastor, starb aber in demselben Jahre um Jacobi an der Pest.

7. Magister Peter Tezin aus Hamburg. Im Frühjahr 1606 wurde er Pastor an unserer Gemeinde. Er soll ein frommer eifriger Prediger gewesen sein und starb 1629 den 23. Februar.

8. Peter Zinghen***) aus Balje, wo sein Vater Pastor war. Nachdem er Anfangs Rektor in Brunsbüttel gewesen, wurde er 1605 nach dem Tode beider Prediger zum Diakonus erwählt und in Kedingen ordinirt. 1629 folgte er seinem bisherigen Collegen ins Pastorat nach, starb aber in demselben Jahre an der Pest.

9. Magister Johannes Emichius†) wurde drei Wochen vor Michaelis 1629 in Folge königlicher Ernennung eingeführt, starb aber an der Pest, nachdem er sein Amt nur drei Wochen verwaltet hatte.

10. Licentiat Lampertus Alardus††) in Crempe, wo sein Vater Wilhelm Alardus Pastor war, geb. 1602; wurde 1630 Pastor in Brunsbüttel und starb daselbst den 5. Juni 1672. Joh. Moller in Cimbria literata Tom. I. p. 7 führt die sehr zahlreichen von Alar-

*) Die Verfolger des Tillar gingen elendiglich unter durch Gottes Rächerarm.

**) vide pag. 19.

***) vide pag. 22.

†) vide pag. 23.

††) vide pag. 34.

dus herausgegebenen Werke an. Er war drei Male verheirathet und zwar 1. mit Anna, der Wittwe seines Vorgängers in Crempe Detlev Wolder. 2. mit Margaretha, Tochter des Rathsherrn Steinhausen in Flensburg. 3. mit Margaretha, jüngster Tochter des Bürgers Johann Hintz in Heide. Einer seiner Söhne Namens Lampertus war Pastor in Windbergen, legte 1712 dort sein Amt nieder und wurde darauf vom Könige in das Pastorat zu Süderau befördert. Hier wurde er des Amtes durch die Regierung zu Glückstadt entsetzt, wahrscheinlich wegen der alchymistischen Schrift „Mosis güldenes Kalb," die er zu Glückstadt anonym hatte erscheinen lassen. Ein anderer Sohn des Brunsbütteler Pastors Alardus, mit Vornamen Detlev, war Conrektor in Itzehoe und ist daselbst 1694 verstorben.

11. Johannes Wackerow*) aus Brunsbüttel, Sohn des Jacobus Wackerow. Nachdem er beim Sohne des Oberjägermeisters Heinrich Hahn Hofmeister gewesen war, wurde er 1672 ohne Wahl zum Pastor in Brunsbüttel berufen. Er war verheirathet 1. mit Catharina, Tochter des Andreas Wilhad zu Horst und 2. mit Margaretha, Tochter des Rathsverwandten Peter Oldenborg in Altona. Er starb im November 1691 ohne Nachkommenschaft zu hinterlassen.

12. Johannes Mahnecke aus Marne, wo sein Vater Peter Mahnecke Pastor war. Er war 1674 zum Diakonus in Barlt vocirt worden, wurde 1679 Diakonus, 1692 Pastor in Brunsbüttel und starb 1701. Er hat zu Wittenberg öffentlich über den Gebetsritus der alten Hebräer unter Vorsitz von M. Nicolaus Polemann 1687 den 27. Juli disputirt.

13. Johannes Nicolaus Gensche. Vocirter Diakonus 1692, eingeführt am 4. Sonntage nach Trinitatis; 1702 zum Pastor erwählt (19. März) und eingeführt (14. Mai). Er starb 1705.

---

*) vide pag. 36.

14. Gabriel Baumann zu Hemme in Norderdithmarschen, den 26. November 1663 geboren, studirte in Jena; wurde 1688 zum Rektor in Oldenwörden vocirt, 1691 Diakonus in Eddelack; 1702 Diakonus und 1705 Pastor in Brunsbüttel. In die Zeit seines Lebens fällt die große Bedrängniß der Gemeinde durch die Fluth. Da das Kirchspiel nicht mehr im Stande war, zwei Prediger zu erhalten, so berief ihn Friedrich IV., ohne daß eine Bewerbung seinerseits voraus gegangen wäre, 1721 in das Pastorat zu Esgrus, woselbst er den 1. December 1733 starb.

15. Jacobus Piper, geboren in Sonderburg 1680 im Oktober; sein Vater war der dortige königliche Amtsschreiber (später Kammerrath in Kopenhagen) Wilhelm Piper. Nachdem er in Sonderburg für die Universität vorbereitet war, bezog er 1698 die Hochschule zu Kiel und hörte dort bis 1701 besonders Franck, Opitz, Dassov, Koch und Möller. Nachdem er sich in Wilster, Flensburg und Sonderburg aufgehalten, wurde er 1705 in Brunsbüttel zum Diakonus erwählt, in Colmar durch den Generalsuperintendenten Dr. Josua Schwartz ordinirt und am 16. Sonntag nach Trinitatis 1705 durch Propst Benzen eingeführt. Nach der Versetzung seines Collegen Baumann wurde er zum alleinigen Pastor der Gemeinde Brunsbüttel ernannt. In die Zeit seiner Amtsführung fällt die Einäscherung der alten Kirche und die Erbauung der jetzigen. Er war drei Male verheirathet; von seinen Söhnen ist nur einer Namens Detlev Christian zu reiferen Jahren gelangt. Er starb am 23. November 1736.

16. Johannes Petersen, geboren zu Windbergen den 18. Juli 1705, wo sein Vater Johann Petersen Landmann war. Nachdem er in seinem Heimathsdorf den ersten Unterricht im Lateinischen bei dem Pastor Detlev Göttigen erhalten hatte, besuchte er von 1718 bis 1724 die Schule zu Meldorf, woselbst der Rektor Baumann und der Conrektor Schwefel seine Lehrer waren. 1724 bezog er die Universität Wittenberg und hörte be-

sonders die Professoren Wemsdorf, Schlosser und Hollmann. Nachdem er sich 4 Jahre im elterlichen Hause aufgehalten, wurde er Erzieher im Hause des Justizraths Eggers in Meldorf. 1737 wurde er, nachdem er rühmlich seine Candidatenprüfung bestanden, am 3. Pfingsttag mit 203 Stimmen zum Pastor in Brunsbüttel gewählt. Er war verheirathet mit Anna Dorothea Hündsen, Tochter des Bürgers und Schneiders Anton Christian Hündten in Hamburg, und hinterließ bei seinem am 12. Oktober 1752 erfolgten Ableben 5 Kinder.

17. Georg Friedrich Breithaupt, geboren zu Laubach in Hessendarmstadt den 12. Juli 1703, woselbst sein Vater Regimentsfeldscheer war. Mit seinem zwölften Jahre bezog er die Schule zu Kloster Bergen und 5½ Jahre später die Universität Halle. Nachdem er die Universität 2½ Jahre frequentirt hatte, begab er sich nach Hamburg, verwaltete verschiedene Stellen in und bei dieser Stadt und wurde 1730 zum Rektor an der Brunsbütteler Schule berufen. 1737, nachdem also das Diakonat 16 Jahre lang unbesetzt gewesen war, wurde ihm neben seiner Stelle als Rektor noch die Verwaltung des Diakonates übertragen. 1753 rückte er zum Pastorat auf und legte nun das Rektorat nieder. Er war drei Male verheirathet und hinterließ bei seinem am 23. Juni 1771 erfolgten Ableben zwei Söhne und vier Töchter, von denen eine an den Rektor Conrad Reusner in Brunsbüttel verheirathet war. Seine dritte Frau stammte aus der Gemeinde Brunsbüttel. Sie war die Tochter des Einwohners Wilken Clasen Margaretha. Dieselbe hat der Kirche eine nicht mehr vorhandene rothsammetne Altardecke geschenkt.

18. Johann Christian Schubert wurde 1726 in Altona geboren, 1754 Diakonus in Brunsbüttel und 1772 Pastor daselbst. Er war zwei Male verheirathet, und war bei seinem Tode sein einziger Sohn Johann Georg Pastor in Gettorf, eine seiner zwei Töchter Anna Louise war an Johann Beckmann verheirathet, der früher Hofbesitzer in Westerbelmhusen, später Einwohner in

Brunsbüttel gewesen ist. — Er starb am 18. December 1800.

18. Matthias Nissen, geboren den 10. December 1770 zu Loit bei Apenrade. Nachdem er Hauslehrer in Rathmannsdorf am Holsteinischen Canal und Privatlehrer in Landkirchen auf Fehmarn gewesen war, wurde er 1799 Diakonus und 1801 Pastor in Brunsbüttel. 1820 kam er nach Süsel und starb daselbst am 21. März 1842.

20. Peter Friedrich Müller, geboren den 17. März 1777 zu Viöhl, Amtes Bredstedt, wo sein Vater Pastor war. Er studirte 1795 bis 1799 in Kiel, Jena und Göttingen, hielt sich dann bis zum Examen, das er 1801 ablegte, in Schleswig auf; später fungirte er als Lehrer in Hildesheim, Gestorf bei Hannover, Tondern, Sandviggaard bei Frederiksburg auf Seeland und wurde 1802 zum Diakonus und 1821 zum Pastor in Brunsbüttel erwählt.

Er starb am 24. Juni 1838 mit Hinterlassung seiner Ehefrau Hanna geb. Rönnenkamp und fünf Kinder.

21. Friedrich Tamsen, geboren 11. Februar 1806. Nachdem derselbe seit März 1836 Diakonus in Crempe gewesen war, kam er 1839 als Pastor nach Brunsbüttel. 1846 wurde er als Pastor nach Trittau versetzt und ihm 1849 die Verwaltung der Propstei Stormarn übertragen. Nachdem ihm das letztere Amt von der früheren dänischen Regierung genommen und später wieder verliehen war, verwaltet er gegenwärtig noch beide Aemter.

22. Georg Johann Theodor Lau, geboren den 11. Juli 1813 in Schleswig. Nachdem er 1838 sein Examen rühmlich bestanden hatte, wurde er 1843 zum Compastor in Hattstedt und Schobüll und 1846 zum Pastor in Brunsbüttel erwählt. 1855 wurde ihm das Pastorat in Ottensen übertragen, das er gegenwärtig noch

verwaltet. Er hat sich durch verschiedene literarische Arbeiten einen hochgeachteten Namen in der Schleswig-Holsteinischen Geistlichkeit gemacht; namentlich durch seine Geschichte Gregors I. und seine Schleswig-Holsteinische Reformationsgeschichte.

23. Caspar Hinrich Möller*), geboren den 6. Mai 1811 zu Bredstedt. 1840 wurde er Rektor zu Wöhrden, 1847 Diakonus daselbst und 1856 Pastor in Brunsbüttel. Er starb am 12. November 1864 mit Hinterlassung seiner Ehefrau Hanna geb. Petersen und vier Kinder.

25. Carl Wilhelm Wolff, der gegenwärtige Inhaber des Pastorates.

B. Diakonen.

1. Magister Boethius Boje ward Pastor.**)

2. Johannes Stralle kam 1561 nach Brunsbüttel und starb 1568.

3. Marcus Boje ward Pastor.***)

4. Johannes Winterberg ward Pastor.†)

5. Magister David Muhle war zuerst Diakonus in Albersdorf, kam aber 1605 nach Brunsbüttel, starb um Jakobi desselben Jahres.††)

---

*) Vor Möllers Amtsantritt wurde das Pastorat ungefähr ein Jahr lang von Pastor Lorenz Paulsen interimistisch verwaltet. Derselbe war Pastor in Oesterlügum gewesen, aber von der dänischen Regierung entlassen worden. Er ist später Diakonus in Neuendorf und dann Pastor in Nordackstedt geworden.

**) vide pag. 54.
***) vide pag. 55.
†) vide pag. 55.
††) vide pag. 22.

6. Peter Zinghen ward Pastor.*)

7. Johannes Emichius wurde 1629 zum Diakonat berufen, starb jedoch noch in demselben Jahre.**)

8. Johannes Schlüsselburg wurde 1629 zum Diakonat vocirt und verwaltete dasselbe bis zu seinem Tode 1640.

9. Jacobus Wackerow, Sohn des Hausmanns Andreas Wackerow zu Schwinichendorf in Mecklenburg. Nachdem er sechs Jahre in seinem Geburtsort Pastor gewesen war, wurde er von einem Soldaten in der Kirche schwer verletzt und anscheinend todt aus der Kirche getragen. Nach seiner Genesung begab er sich zu seinem Schwager dem Cantor Conradi in Brunsbüttel und wurde daselbst 1640 zum Diakonus angenommen. Einer seiner Söhne, Jacob mit Namen, war erst Rektor in Brunsbüttel, später Pastor in Stockholm, ein zweiter Sohn, Andreas, ist als Pastor in Guinea gestorben, Johannes ist Pastor und Mathias Chirurg in Brunsbüttel geworden. Er starb 1666.

Von ihm ist vorhanden: Christliche Leich- und Klagpredigt über den erbärmlichen frühzeitigen Todesfall, aber doch recht seligen Abschied des Gestrengen und Vesten Junkherrn Christoffer Hahnen, Erbsassen auf Hinrichshagen in Mecklenburg über 2. Cor. 4. Glückstadt 1660.

10. Boetius Frantzen***), geboren zu Brunsbüttel, wo sein Vater Peter Frantzen ein Literat gewesen ist. Nachdem er von dem Rektor seines Heimathsortes und dem Rektor Zimmermann in Lüneburg für die Hochschule vorbereitet war, besuchte er acht Jahre lang die Universitäten zu Wittenberg und Rostock. 1667 zu Ostern wurde er als Diakonus in Brunsbüttel eingeführt und starb 1678 den 15. September unter der Predigt. Er war

*) vide pag. 55.
**) vide pag. 55.
***) vide pag. 36.

mit einer Margaretha Bruhn aus Meldorf verheirathet seine Kinder sind jedoch alle jung gestorben.

11. Johannes Mähnecke ward Pastor.*)

12. Johannes Nicolaus Gensche ward Pastor.**)

13. Gabriel Baumann ward Pastor.***)

14. Jocobus Piper ward Pastor.†)

15. Georg Friedrich Breithaupt ward Pastor.††)

16. Johann Christian Schubart ward Pastor.†††)

17. Johann Jacob Lindemann, geboren 1742 den 15. October in Wöhrden, wo sein Vater Hinrich Lindemann Rechenmeister war, studirte seit 1765 in Halle, woselbst er Semler, Nösselt, Gruner, Stibritz, Meier und Förster hörte. 1772 wurde er zum Diakonat in Brunsbüttel berufen, 1789 aber als erster Pastor nach Rellingen versetzt, woselbst er 1797 den 21. September gestorben ist.

18. Friedrich Christian Kirchhof, geboren den 26. October 1760 zu Wilster, wo sein Vater Hauptpastor war; nach beendigtem Studium wurde er Adjunct seines Onkels, des Consistorialraths Johann Hieronymus Kirchhof in Glückstadt. 1790 ward er mit 201 Stimmen zum Diakonus in Brunsbüttel erwählt und am 4. Juli desselben Jahres von dem Landvoigt Justizrath Boje und dem Consistorialrath Jochims eingeführt. 1798 wurde er für die zweite Predigerstelle in Utersen präsentirt und gewählt.

19. Matthias Nissen wurde Pastor.†*)

20. Peter Friedrich Müller wurde Pastor.†**)

---

*) vide pag. 56.
**) vide pag. 56.
***) vide pag. 57.
†) vide pag. 57.
††) vide pag. 58.
†††) vide pag. 58.
†*) vide pag. 59.
†**) vide pag. 59.

21. Johann Christian Theophilus Wurmb, geboren den 2. Februar 1788 zu Schleswig, wo sein Vater Apotheker war. Nachdem er von 1796 bis 1799 in Kiel studirt hatte, hielt er sich bis 1802 in Schleswig auf, später als Lehrer in Loitmark, Kieholm in Angeln, Tralau, Ahrensböck, Eutin und Alt=Rahlstedt. 1812 ward er zum Rektor in Neustadt und 1822 zum Diakonus in Brunsbüttel erwählt, 1856 aber auf sein Ansuchen entlassen. Er starb in Brunsbüttel, den 24. Februar 1861.

22. Johann Jürgen Friedrich Meyer, geboren den 7. Februar 1825 in Brunsbüttel, wo sein Vater Organist war. Er bezog 1844 die Universität Kiel und wurde 1857 Diakonus in Brunsbüttel, 1864 Pastor in Krusendorf, 1870 Pastor in Dänischenhagen bei Kiel.

23. Johann Jacob Reimers, jetziger Inhaber des Diakonates.

Zeitfracht Medien GmbH
Ferdinand-Jühlke-Straße 7
99095 Erfurt, Deutschland
produktsicherheit@kolibri360.de